そもそも文章ってどう書けばいいんですか？

How Can I Write a Good Sentence in the First Place?

山口拓朗
TAKURO YAMAGUCHI

日本実業出版社

はじめに

「文章を書くことがストレスです」

「文章を書くことが苦手です」

「文章を書くのに時間がかかりまくります」

「支離滅裂な文章を書いてしまいます」

「『この文章はどういう意味だ？』と上司に怒られます」

「そもそも頭のなかにあることを、文章にすることができません」


学生から社会人まで、文章作成の悩みは尽きません。

かといって、パソコンやメール、インターネットが隆盛を極めるいまの社会で、「文章を書かずに」逃げ切ることはできません。

多くの人が「嫌い」「苦手」「書けない」と言いながら、その状態を放置しています。

これは本当にもったいないことです。なぜなら、文章を書けるかどうかで、仕事の成果や周囲の評価が大きく変わるからです。

また、プライベートでの人間関係を含め、人生の豊かさも大きく変化します。

何よりも、文章を書くことは、書き手自身に大きな影響を及ぼします。

文章作成が得意になると、自分に圧倒的な自信がつきます。


本書は「書けない」を「書ける」へと導きます。

「書くことが嫌い」を「書くことが好き」へと導きます。

「書く仕事がつまらない」を「書く仕事が楽しい」へと導きます。


ストーリー形式になっているので、リラックスしてお楽しみください。

登場人物はＷＥＢ制作会社に勤めるモモと、同僚の佐々木の２人です。主人公のモモは、もしかすると、本書を読むあなたの投影かもしれません。というのも、モモは文章を書くことを大の苦手にしているからです。

２人がくり広げるやり取りは一見すると軽妙ですが、実は文章が苦手な人にとって大事なエッセンスが詰まっています。

「文章を書くことが苦手」なモモと一緒に、文章を書くための基本とコツ、そしてテクニックを身につけていきましょう。

目次　そもそも文章ってどう書けばいいんですか？

CHAPTER
02
仕事で使う文章には、必ずといっていいほど目的がある
▼社内向けメール編②

CHAPTER

03

具体的に書くとダンゼン伝わりやすくなる

▼報告書・リポート編

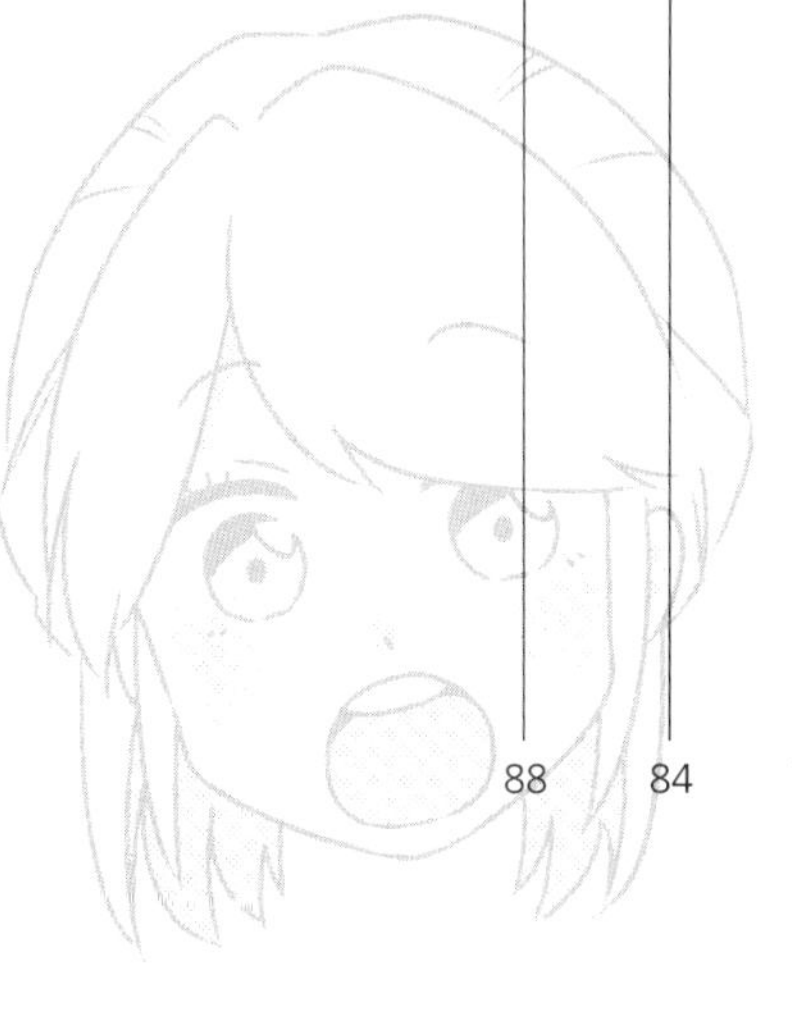

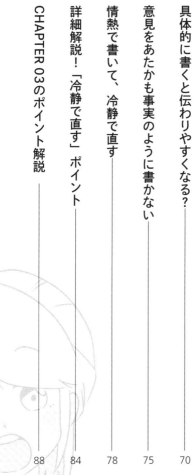

CHAPTER

04

状況に応じてテンプレートを活用する

▼社外へのメール編

CHAPTER

05

読者ターゲット設定とニーズの把握がすべて

▼クライアントへの提案書編

CHAPTER
06
400文字の文章は、ワンメッセージに絞る
▼エントリーシート編

CHAPTER

07 ネット上の文章で重要なSEO

▼ブログ編①

CHAPTER
08
読者が知りたいことを過不足なく書く技術
▼ブログ編②

おわりに

カバーデザイン　菊池　祐（ライラック）
本文デザイン・DTP　浅井寛子
編集協力　中村真輔（デジタル職人）
マンガ　智村あなた

登場人物紹介

北川桃果（モモ）

25歳、独身女性。WEB 制作会社カキネットに入社して３年目。小学生のころから作文が大嫌い。大学の卒業論文では、あまりに文章が書けないので、海外逃亡を図ろうとしたことも。社会に出ればそれなりに書けるようになっているだろうと思っていたけれど……悪戦苦闘の毎日をすごす。

佐々木宗馬（モジャ先輩）

28歳、独身男性。WEB ディレクター。スマートに仕事をこなす将来の幹部候補。もともと文章を書くことが苦手だったが、何の因果か前職で出版社に入ってしまい、勉強を重ねてスキルアップを図ってきた経験を持つ。厳しさと優しさを兼ね備え、モモの成長につながる文章作成指導を行なう。

後藤チーフ（ゴッチ）

モモの上司。見た目はアラサー、実はアラフォー。一見チャラそうだが、仕事となると鬼の一面を見せる。陰では部下の成長を温かい眼差しで見守っている。

北川拓海（タク）

モモの弟。現在就職活動中の大学４年生。姉のモモと同じく、文章を書くことが大の苦手。エントリーシートがうまく書けず四苦八苦している。

CHAPTER

01

ひとつの文章には
ひとつの意味を

▶社内向けメール編①

私は北川《きたがわ》桃果《ももか》
25歳
株式会社カキネット
入社3年目の
アシスタントWEB
ディレクター
後輩に慕われて
上司には頼りに
されて…充実した
社会人生活を——
送れてたら
いいんだけど
ねえー……
はあ〜…

くそぉー…ゴッチめ！
案内文の作成とか
つまんない仕事ばっか
押しつけてー！
よろしく
ゴッチ（後藤《ごとう》チーフ）
社員各位
お疲れ様です。北川桃果です。
再来週の金曜日に業務報告を兼ねた
いつもの
もうこんな時間かぁ…
あーもうっ！
どう書けばいいか
わかんない！
そもそも私…子どものころから作文とか苦手なんだから！
いいかげん私もディレクターに昇格して……
バリバリ仕事こなしたいよぉー!!

おい…モモ・・
まだ仕事
してたのか
もふーっ
モジャ先輩！
なんだぁ…
チェッ！
おいっ
「なんだ」とは
なんだ――…
佐々木《ささき》 宗馬《そうま》
（通称：モジャ先輩←モモ命名）
こんな
時間まで
何してるのよ
俺はクライアントの
いる福岡から
帰ってきたトコだ

ふぅん……自慢ですか
自慢？
「俺は一人前に仕事 任されてますぅー」…みたいな！
雑用ばっかり押しつけられてる私への自慢でしょうが!!
何をそんなに卑屈になってるんだよ…
言っとくけど！この会社じゃ私のほうが先輩なんだからねっ
俺は転職組だから数週間だけな？おまけに俺のほうが3つ年上だぞ？
キィーーッ
…これは相当ストレスが溜まってるな
――…で？モモ先輩は何にお困りなんだ？
ううう…実はね…

そもそも何を書いていいかさえわからない

静まり返った深夜のオフィス。

広々としたフロアで明かりが灯っているのは、北川桃果（モモ）のデスクがある一角だけです。

モモは眉間にしわを寄せてパソコンとにらめっこをしています。

「おいモモ、まだ仕事してるのか？」

ＷＥＢディレクターの佐々木宗馬が、オフィスに入ってくるや第一声を上げました。

佐々木は株式会社カキネットのＷＥＢディレクター、社内きっての期待のホープです。クライアントがいる福岡からちょうど戻ってきたところでした。

佐々木の声にハっとして、モモがフロアの壁時計に目をやりました。間もなく時計の針が21時を指そうとしています。

すぐに佐々木のほうに目を移したモモは、「なんだ、モジャ先輩かあ」とつまらなそうにつぶやきました。

「おい『なんだ』とはなんだ」

「堅苦しいこと言わないでよ。もう夜も遅いんだから」

「その理由、意味わからんわ」

「社内懇親会の幹事を頼まれたから、急ぎで案内文を作っているところなの」

「それはそれは。誰に頼まれた？　後藤チーフ？　それとも福浦部長？」

「ゴッチ、いや、後藤チーフ。アシスタントってホント雑用ばかりでイヤ。私もいい加減、ディレクターに昇格したいよ」

モモがたいして慌てることもなく名前を言い直す様子を見て、佐々木は苦笑しました。

佐々木は28歳。モモより3つ年上です。ただし、佐々木がカキネットに転職してきたのは2年半前。モモが新卒で入社した年の秋のことでした。

自分より遅れて入社したにもかかわらず、颯爽《さっそう》と仕事をこなす佐々木に、モモは妙な敵対心を抱いていました。

そんな因果もあって（？）、なぜかモモは佐々木に対してタメ口をきいています。

もっとも、佐々木はそんなモモの態度をまったく気にしていません。

「後藤チーフが上司になってから、やたらと文章を書かされる機会が増えちゃって」

「へえー、ところでモモって文章を書くのが得意なの？」

「まぁ……というか超がつくほどニガテなんですけど」

「じゃあ、案内メールを書くのもひと苦労ってわけだ」

「まあねー〈ほっとけ！〉」

佐々木は、切れ長な目とシュッとしたヘビ顔が印象的。その上には爆発系のもじゃもじゃパーマを載せています。だから愛称は「モジャ先輩」。名づけたのはモモです。

「後藤チーフにいろいろと頼まれるから、がんばって書いてはいるけど、なんだかいつも怒られてばっかり……文章を書くのってホント大変」

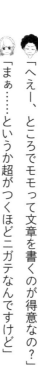

「まあな。で、書けたの？　どれ見せてみな」

「あ、まだダメダメ！」

忍者のような素早さで佐々木が、モモのノートパソコンをシュっと取り上げます。
モモは呆気にとられた表情で、佐々木の横顔を見ています。

> 原文
>
> 社員各位
>
> お疲れ様です。北川桃果です。
> 再来週の金曜日に業績報告を兼ねた社内懇親会を予定していますので、会場はいつもの駅前レストランになりますが、万障お繰り合わせのうえ、ご参加いただけますようお願いいたします。
> つきましては、出欠をご連絡ください。懇親会の時間は19時スタートです。よろしくお願いいたします。

30秒経過。読み終えた佐々木は、神妙な面持ちでノートパソコンを閉じて、そっとその場から立ち去ろうとしました。

「ちょっと、モジャ先輩！　黙って消えようとしないでよ！」

「はっ。モモ、そこにいたのか」

「ちょっと、ふざけないで！　いま読んでくれたよね？　どうだった？」

「いや、少しめまいがして……」

「めまい？」

「あまりにひどい文章だったから」

「ひどっ！　〈きーー、そのいけ好かない顔をぶん殴ってやりたい！〉」

「まあ、落ち着け」

「一所懸命に書いたのにー。それに文章がひどいから消えるって……それって犯罪だからね。警察呼ぶよ！」

「だから、落ち着け。消えようとしたわけじゃなくて、どこからどうアドバイスしようか、コーヒーでも飲みながら考えようと思って」

そう言ったあと、佐々木は、小声でこうつけ加えました。

「あわよくばドロンしようとは思ってたけど……」

「えっ、いま何か言った？」

「いや、別に」

「まあ、いいや。私がコーヒーいれるから、モジャ先輩はそこに座ってて！　私の文章のどこがどう悪いのか、ちゃんと聞かせてもらうから！」

殺気を放ちながら、モモは給湯室のほうへ歩いていきました。

イチブンイチギ？

モモは打ち合わせテーブルに濃い目のコーヒーを2つ置いてから、佐々木のアドバイスを受ける体勢に入りました。

佐々木はスカイブルーのシャツとストライプの入った紺ジャケットを着ています。表情はいつもながらに涼しげです。

モモは〈スカしちゃって〉と思うと同時に、〈それにしても、モジャな髪とクリエーター気取りのあごヒゲが鼻につくわ〉と、いつもと同じことを考えていました。

「まずは一文の長さからだ。『一文一義』って聞いたことある？」

「イチブンイチギ？　一長一短や一日一善なら知ってるけど……」

「とっさにその2つが出ただけでも敢闘賞ものだな」

「ふん、バカにしてない？」

「ほめてんだって。一文一義というのは、『ひとつの文章に盛り込む情報はひとつにしよう』という意味。一文というのはマル、つまり、句点が打たれるまでの文章のことね。一文一義を心がけると、おのずと一文は短くなるはずだ」

モモの書いた案内文は、「次の金曜日」から「お願いいたします」まで90文字ほどあります（21ページ）。90文字だと、多くの場合、2つか3つの文に分けることができます。「ちょっと貸して」とパソコンを手元に引き寄せると、佐々木は軽やかにキーボードを叩きはじめ、文章を直していきました。

「マルを2つ追加して、一文を3つに分けたのね。たしかに、このほうがわかりやすい！」

再来週の金曜日に業績報告を兼ねた社内懇親会を予定しています。会場はいつもの駅前のレストランです。万障お繰り合わせのうえ、ご参加いただけますようお願いいたします。

修正文 1

一文一義は、文章作成の基本中の基本です。一文を短くするだけで、文章は格段に読みやすくなります。とはいえ、すべての文章を「一文一義」にすると、少し幼稚に感じられるときがあります。

厳密には「一文一義（＝短めの文章）」をベースにしながらも、ときどき「一文二義（＝少し長めの文章）」を織り交ぜていきます。すると、長短のリズムがついて、少し賢そうな文章ができ上がります。

「文章を書くときには、先を急ぎすぎないこと。ひとつ伝え終えてから、慌てずに次の情報を伝えればOKだ。あれこれ盛り込みすぎた一文は、読む人にとって迷惑でしかないから」

「てっきり一文が長いほうが〝デキる文章〟なのかと思ってた」

「そういう勘違いをしている人が多いよね。書いている人は気持ちいいかもしれないけれど、読む人にとって、長すぎる文章は苦痛のタネだ。そもそも読解力には個人差があるから。一文が60、70文字を超えたら〝黄色信号〟だと思っていい」

「なるへそ！　たしかに、私も一文が長い文章を読むのは苦手かも……」

「だろ？　でも、いざ自分が文章を書く側にまわると、多くの人が読む人の気持ちを無視した文章を書いてしまうんだ」

「それって私のこと？〈モジャ先輩め、いちいち頭にくるな……〉」

「一般論だよ。そういう意味では会話も文章と同じだよ。マルを打たずに延々としゃべる人っているだろ？」

「ああ、いるいる！　この間も、友だちの結婚式のお祝いのスピーチでダラダラと話す人がいてイライラしちゃった。マルのない話ってホント頭に入ってきにくい。それにしても、まさかミクが私より先に結婚するとはなあ……」

「……何の話だよ」

「はっ、ごめん。続けて」

「一文を長く書く人は、そのダラダラしたスピーチと同じことをやっている恐れがあるということ」

「なるへそね。これは気をつけないと。読む人に嫌がられるのはゴメンだし」

「あのさ」

「何？」

「ちょいちょいぶち込んでくるその『なるへそ』って古くない？」

「だって『なるほど』だと飽きるじゃない。遊び心もないし。こんな夜遅くに仕事してるのに、堅苦しい言葉ばかり使ってたらストレスが溜まるよ」

「そういうことか。なるほどね……って、納得できるか！」

「〈佐々木をバカにしたような目で見つめながら〉モジャ先輩、そこは『なるへそ』でしょ！　せっかくいい前フリしてあげてるのに」

「うっさいわ！」

長い一文には、「読みにくくなる」以外にも、次のようなリスクを伴います。

◎長い一文のリスク① 主語と述語がねじれやすくなる

本プロジェクトの目的は、チルデン社が開発した介護サービスの認知度を高めて利用者を増やし、介護するご家族の負担とストレスも減らしていきます。

ダメ文

本プロジェクトの目的は、チルデン社が開発した介護サービスの認知度を高めて利用者を増やすことです。あわせて、介護するご家族の負担とストレスも減らしていきます。

修正文

上記のダメ文の「本プロジェクトの目的は～減らしていきます」は、主語と述語がねじれた状態です。もともと「テーマ（夢、目標、目的）＋内容」の文章には、「～は、～こと」という文型があります。ダメ文は、この文型に反しています。

一方、修正文の「本プロジェクトの目的は～利用者を増やすことです」は、主語と述語が正しく対応しています。

このように、一文一義を心がけることで、主語と述語がねじれる〝うっかりミス〟を減らすことができます。

◎長い一文のリスク② 主語と述語が離れやすくなる

レジにいた店員は、黄色いスカーフが、お客様が慌てて席を立ったときにその首から落ちたことに気づいた。

ダメ文

お客様が慌てて席を立ったときに、その首から黄色いスカーフが落ちた。レジにいた店員は、そのことに気づいた。

修正文

この文章の主述関係は、次のとおりです。

・レジにいた店員は〈主語〉⬇気づいた〈述語〉
・黄色いスカーフが〈主語〉⬇落ちた〈述語〉

ダメ文は、いずれも「主語と述語」が離れているため、意味がよくわかりません。

一方、句点（マル）を打って二文に分けた修正文では、それぞれの主語と述語が近づき、意味が理解しやすくなりました。

「納得だわ。一文一義以外に注意するところは？」

「うん。山ほどある〈『ない』と言うとでも思ったか！〉」

「山ほどってか！　ムカつくけど、仕方ない……」

情報の「生き別れ」にご注意

「お次は『グループごとに情報をそろえる』ということだ」

「はあ、グループごと……」

「そう、グループ。つまり仲間」

「私の文章では、同じグループの情報がばらばらに書かれている、ということ？」

「そういうこと。離れている情報がないか、よく見てみろよ」

「えーっと……。ん、どこだ？」

「えっと、この案内文に盛り込まれた情報の要素は、大きく分けて3つかな。『社内懇親会をやるよ』というアナウンスと、『出欠をご連絡ください』というお願いと、『社内懇懇親会の詳細情報』の3つ」

「あっ、わかった！　会場と時間が同じ詳細情報なのに、離れちゃってるんだ」

「そのとおり。会場と時間は仲間だから、同じ並びで書いあげたほうがいい。同じグループの情報が散らばっていると、読む人の頭に入りにくくなるから」

> お疲れ様です。北川桃果です。
>
> 再来週の金曜日に業績報告を兼ねた社内懇親会を予定しています。
>
> 会場は、いつもの駅前レストランで、時間は19時スタートです。
>
> 万障お繰り合わせのうえ、
> ご参加いただけますようお願いいたします。
>
> つきましては、出欠をご連絡ください。
>
> よろしくお願いいたします。
>
> 修正文 2

佐々木は、もはやモモの許可をもらうこともなく、キーボードを叩きながら案内文を勝手にいじりはじめました。

〈うううっ、いつの間にかモジャ先輩に仕切られている……〉

モモは劣勢に立たされている自分に、少しばかり歯がゆさを感じていました。

「おー、たしかに、会場と時間が一緒になっているこの書き方のほうが読みやすい。何とかしてケチをつけようと思っていたのに！」

「おいおい『ケチありき』はやめろ。でもどうして同じグループの情報がバラバラになるのかわかる？」

「それは……」

「頭に浮かんだことをポンポン書くからさ。何の考えもなしに。だから、本来同じグループに入るはずの情報が離れてしまうんだ」

「ああー、それ、私のことだ～。頭に浮かんだことをとりとめもなく話すから、昔の彼にあきれられたことがある。『ちゃんと整理してから話せ』って」

「その彼氏、モモと別れて正解だな」

「こらモジャ！　少しくらい言葉をオブラートに包め！〈佐々木の肩をボンッと叩く〉」

「わっ、わかったから、暴力はやめろ。気持ちはわかるぞ。いまさら擁護するわけじゃないけど、モモだけじゃなく、人間はもともと情報や考えを整理しながら生きているわけじゃない。誰もが気分で生きている」

「激しく同意！　もとい、ハゲドウ！」

この街は映画館などの文化的施設も多く、おいしいレストランや居酒屋もたくさんある。しかし、学校や病院が少ないので、子連れ世帯が住むには少し不便だ。都会のわりに治安がいいのはメリットと言えるだろう。

ダメ文

この街は映画館などの文化的施設も多く、おいしいレストランや居酒屋もたくさんある。都会のわりに治安がいいのもメリットと言えるだろう。

しかし、学校や病院が少ないので、子連れ世帯が住むには少し不便だ。

修正文

「『もとい』の前より悪くなっちゃったよ！」

「細かいこと言わないの！」

「気分で生きているからこそ、人に伝えるときには情報や考えの整理が必要なの。同じグループの情報をまとめて書くことは『論理的な伝え方』の第一歩なんだ」

同じグループの情報が散らばっていると、それだけで読む人の理解度が下がります。

上記のダメ文では、この街の「長所→短所→長所」という具合に、同じグループの情報が分散しています。

一方の修正文では、この街の「長所→短所」という具合に、同じグループの情報がまとめられています。この書き方であれば、読む人が混乱することありません。

「ところで……同じグループの仲間の『生き別れ』を防ぐには、いったいどうすればいいの？」

「生き別れって、おどろおどろしい表現だな。その語彙のセンスは嫌いじゃないけど」

「でしょー。ちょっぴり昭和風情を出してみた」

「さすが昭和生まれだな」

「違うわ！」

モモにギロっとにらまれて、佐々木は一瞬怖気づきました。

「わかった、わかった。生き別れを防ぐ対処法な。ポイントは2つある。ひとつ目は、あらかじめ流れを整理してから書きはじめること。2つ目が、書き終えてから見直すこと。とくに大事なのは後者だ。文章の場合は、生き別れに気づくことさえできれば、それを直すことはできるから」

「なんだモジャ先輩、生き別れフレーズ、気に入ってるじゃないの〜」

「合わせたんだよ！」

「いいって、いいって。使用料なしで使わせてあげるから」

「おまえなあ！」

多くの人が文章を読み返す作業を疎《おろそ》かにしています。本来、文章作成というのは、書くだけでなく、読み返して修正するところまでを含みます。

プロの書き手でも、一発でいいものが書ける人はほとんどいません。何度も読み返しながら、少しずつ文章の質を高めているのです。

「えっと、あとは……あっ、たくさん改行してある（31ページ）」

「グループごとに空白の行を入れてみた。読みやすくなっただろ？」

「ホントだあ。私、空白の行って、これまであまり使ってこなかったかも」

「仕方ないさ。学校の先生に『作文の原稿用紙に空白の行を入れなさい』なんて言われてこなかったからな。でも、ことビジネス文章の場合、原稿用紙のルールは無視してOKだ。それよりも、ストレスのない見た目にしてあげることのほうが何倍も大事なことだから」

「一行を短くしたのも意図的ってこと?」

「そう。横に長すぎる文章は読みにくいから。メールの場合、一行が30文字を超えたら『そろそろ改行かな?』って意識しないと」

佐々木は、多くの人がわかっていそうでわかっていないことを、次々と言語化していきます。

そんな佐々木に、モモはちょっぴり嫉妬していました。モモ自身が言語化を苦手にしているからです。

少し暑くなってきたのか、佐々木はジャケットを脱いで、シャツの袖をまくり上げました。その瞬間、モモが生理的な拒否反応を示しました。

〈その腕のモジャ毛は見せんでええって!〉

「ところで、どうしてそんなに文章の書き方に詳しいの? そういえば、モジャ先輩の書く文章って、いつもわかりやすいよね」

「あれ、知らなかったっけ? カキネットに来る前に、出版社で雑誌の編集者をしてたんだ」

「へえー、はじめて知った。だから文章を書くのが得意なんだ」

「それが、そうでもなくて。入社した当初は、自分の才能のなさに落ち込んだもんだよ。編集長やデスクにさんざん叱られてきたから。何度書き直してもＯＫをもらえなくて、涙を流しながら書いていたこともあったよ」

「へえー、モジャ先輩にも、そんな過去があったんだあ」

「まあな。昔のオレは、いまのモモと『どんぐりの背比べ』さ」

「えへへ。ほめられるとうれしいかも」

「ほめてねーから。ったく、おまえはどこまで単細胞な思考回路をしてんだ」

「コラコラ、それ言いすぎ。細胞に失礼ですから！」

「そっちかよ！」

〈出張帰りにちょっと会社に立ち寄っただけなのに、いったいオレは何をしているんだ？〉

佐々木は一瞬よぎった素朴な疑問を、今宵10度目くらいの苦笑で打ち消しました。

CHAPTER 01の
ポイント解説

①ひとつの文にはひとつの意味を（一文一義）。

②主語と述語を正しく対応させる（主語と述語をねじらない）。

③主語と述語を近づける。

④同じグループの情報をそろえる。

※「論理的な伝え方」の第一歩。

⑤文章作成とは「書く」だけでなく、「読み返して直す」ところまでを含む。

⑥見た目を読みやすくする。

※空白の行を使う／1行を短めにする。

CHAPTER

02

仕事で使う文章には、必ずといっていいほど目的がある

▶社内向けメール編②

社内懇親会か…
苦手なのよね
どうして？
一応 私にも
後輩がいるわけで
その子がさ…
モモせんぱーい！
このネイル やばく
ないですかぁ？
あ
この刺身
おいしい♪
ぱくっ
聞いて
くださいよぉ
A社の担当
サイアクで…
さっきモジャ先輩の
言ってた
会話が毎度毎度…
「情報がバラバラ」
状態なワケよ
なるほどな…
何より頭が
痛いのが…

あたしってぇ肉食系女子じゃないですかぁー？
ドドッ
「自分って○○じゃないですかぁ」って
あたり前みたいな感じで同意求められたって……
こっちは知らないっていうの！
まぁ…たしかにな
その辺のエピソードも文章に通ずるものがあるぞ
まだ話は終わってないのっ
はいはいお先にどーぞ
でさ……そういう子ってなぜかモテるんだよね
そうか？

※マジョリティ（多数派）、マイノリティ（少数派）

まぁモジャ先輩の意見もわからなくはないけどね……
……お前も「雑用ばっか」って腐ってないでがんばれよ
パ
ニッ
そういうのって
見てる人はちゃんと見てくれてるからね
それもキモ！
それはともかくどうすればこの案内文がよくなるか指導してよね！
ハイハイ
ハイは1回で返してよ！
ハイハイ

自分にとっての「あたり前」が、相手の「あたり前」とは限らない

「それじゃ、そろそろ失礼しまーす」

「おいおい！　こんどはおまえが逃げるんかい！　まだ全部終わってないぞ」

「やっぱバレた？〈だって悔しいんだもん！〉」

「元編集者をなめるなよ」

「ガッテンだ」

「やっぱりなめてるな」

「うそ！　うそだから！　編集長、続きをヨロシク！」

「わかったよ。次は核心部分な。モモの文章は、読む人に不親切すぎる」

「え～、それは心外だわー。こっちは精一杯幹事を務めようと思ってるんですけど～。ぐびっ」

「おまえは酔っぱらいのオヤジかよ。そして、やっぱりオレをなめてるな」

「そんなことはないの。でもがんばって書いたつもりだったから」

「がんばって書いても、読む人に理解してもらえなければアウトだ。文章の世界に『敢闘賞』はないからな。読む人の頭上にクエスチョンマークを浮かび上がらせたらダメなんだ」

「クエスチョンマーク？」

「そう。疑問のこと。たとえば、『再来週の金曜日』って何日だ？　駅前レストランの名前は？　懇親会の開始の時間は書いてあるけれど、終わりの時間は？　それに会費はいくら？」

「うわっ、そういうことも書かないとダメなのか」

「自分が伝えたいことじゃなくて、読む人が知りたいことを書いてあげるのが大人の文章さ。読者を置き去りにする文章は最悪だ。それから……えーっと、ほかにも入れたほうがよさそうな情報もあるなあ」

「どれどれ」と言いながら、佐々木は再びモモのノートパソコンのキーボードを叩きはじめました。

修正文3

お疲れ様です。北川桃果です。

さて、10月4日（金）に
業績報告を兼ねた社内懇親会を予定しています。

万障お繰り合わせのうえ、
ご参加いただけますようお願いいたします。

つきましては、出欠をご連絡ください。

＜社内懇親会詳細＞
◆会場：「ベジスムー」（田町駅前立花ビル1階）
◆地図：bejizumu.com/access.xｘｘｘｘ
◆時間：19時〜21時
◆参加費：4000円

「うわー。懇親会の詳細が、最後にまとめられてる。これは見やすいぞ」

「こうするだけでグッと読みやすくなるだろ？　仕事で使う文章は、大前提としてわかりやすくなきゃ」

「なるほどね。会場、地図、時間、参加費という具合に、箇条書きで表記を統一しているのもいいね！　読みやすくなったなあ」

「だろ？　これが『会場はこれこれで、日時はいついつで、参加費はいくらです』みたいな感じでワーっと書かれていると、それだけで読みにくくなるから」

「たしかに！　その書き方だと、情報を読み落とす人もいそう」

「そういうこと。並列関係にある複数の情報を書くときには、上手に箇条書きを使ってあげるといいんだ」

「あと、会場のＵＲＬを入れてあげたのも親切ね。たしかに、いつも使っている会場だけど、新人や中途入社組のなかには、このお店のことを知らない人もいるはずだもんね」

「そう。自分にとって『あたり前』のことが、他人にとっては『あたり前ではない』ことってけっこう多いから。いつでも、相手の立場に立って『この文章を読む人は何も知らないかもしれない』『この文章を読む人は忘れているかもしれない』と考えてあげることが大事なんだ」

「つい手間を省くことばかり考えちゃうからなあ……。悪い癖《くせ》だ。〈くぅー、防戦一方だ……〉」

「これは仕事全般に言えることだけれど、仕事がデキる人ほど『ひと手間』を疎かにしないものさ。『微差が大差を生む』ってやつだ」

「出た！　金言！　格言！　大工の源！」

「それって、ほめてるのか？」

「うん、微差が大差かあ。私なんて微差にこだわるのは損だと思っているところがあるからなあ。〈それがモジャ先輩に大差をつけられている原因なの？〉」

「モモが最初に書いた案内文で送っていたら、おそらく『参加費はいくらですか？』とか『終わりの時間は何時ですか？』みたいな返信がいくつかきただろうな」

「否定できない……〈ああ、私のライフバーがどんどん減っていく〉」

「そうなると、こんどはそれに対応する時間と手間がかかるだろ？」

「わー、それって『あるある』かも。そういうのに対応するのって、ホントに手間。というか、絶対にやりたくない！　あっ、そうか。だったらはじめに手間をかけておいたほうが、結果的に効率がいいということか」

「少しわかってきたな」

「うっす！」

「ったく、元気だけはいいなあ。よし。じゃあ、もう少し細かくツッコミを入れていくぞ」

「げっ！　まだあるの？〈完全にマウンティングポジションを取られてる！〉」

「これからも後藤チーフに頼まれて、いろいろな文章を書いていかないといけないんだろ？」

「はあ。そうなんだよな……」

いちど深呼吸をしてから、モモは少し冷めたコーヒーをすすりました。

苦虫を噛み潰したようなその表情が、コーヒーの味のせいなのか、この深夜特訓のせいなのか、モモ自身にもよくわかりませんでした。

「よし。じゃあいくぞ。本文の冒頭に『業績報告を兼ねた社内懇親会を予定しています』とあるよな?」

「はあ。それが何か……」

「これは本当に予定なの? つまり、まだ確定していない情報?」

「いや、確定しているけど。ゴッチに、いや、後藤チーフに確認取ったし」

「いいよ、もうゴッチで。確定事項であれば『予定』じゃないだろうが」

「ああ、『社内懇親会を行ないます』かな?」

「それだ。言葉はなんとなくではなく、最適なものを選ぼう。もちろん、『予定しています』でも意味は伝わるけど、確定事項ならもっと直球で『行ないます』と書かないと」

「モジャ先輩の話を聞いてると、悔しいけど、自分がどれだけいい加減な文章を書いているかがわかるわ。でも勉強になる〜。でも、悔しーい。でも勉強になる〜」

「うるさいっつーの！」

「で、もう終わり？　まだある？」

「まだあるよ」

「まだあるのかよ〜。悔しいけど、ちょっとワクワクするなあ。〈私、何言ってるんだ？〉」

「おまえ、頭おかしいんちゃうか？」

「してもらいたいこと」は具体的に書く

「えーっと、この案内文を読んだ人たちに望むことは、どんな行動だ？」

「社内懇親会に参加してもらうことかな」

「うん。いいぞ。それはそれとして、もうひとつ必ずしてもらいたいことがあるよな？」

「もうひとつ？　あっ、出欠の返信？　出欠の返信をもらえないと、催促のメールをしたり、社内中に確認を取りに行かなくちゃいけなかったりで、けっこう大変なんだよね」

「社内を動きまわるのは、ダイエットになっていいんじゃない？」

「ちょっと！　どさくさにまぎれて、乙女心を傷つけること言うんじゃないの！」

「冗談だよ、冗談。メールで案内文を出したのに、そのあとで社内をまわるなんて本末転倒だと思わない？」

「そりゃそうだ」

「だから、モモがみんなにしてもらうことは、出欠の返信を確実にもらうことなんだ」

「でも、ちゃんと『出欠をご連絡ください』って書いたよ。これで返信してこないなんて社会人失格すぎる。即刻クビでしょ。そんなヤツうちにいらないから」

「おまえはこの会社のオーナーか！　でも、よく考えてみな。なかには『社内懇親会の当日までに返事をすればいい』と思っている人や、そう思っていながら、結局、返信し忘れてしまう人も出てきそうな気がしない？」

「私だったら、すぐに予定を確認して、出欠の連絡を入れるけどなあ」

「さっき言っただろ?」

「あっ、『自分のあたり前』は『相手のあたり前』じゃない、ね。となると、どう書けばよかったの?」

「返信の期日さ。つまり、ちゃんと締め切りを伝えよう、ってこと」

「ふーん。期日を区切るのは、何か追い詰めるようで悪いかな、と思ってた」

「でも、返信がこなくて困るのはモモだろ? 会場に参加人数も報告しなくちゃいけないだろうし。それに、返信をし忘れる連中にとっても、期日を切ってあげるのは親切なことなんだ」

「そっかー。じゃあ、こんな感じかな」

修正文 4

10月4日（金）に
業績報告を兼ねた社内懇親会を行ないます。

万障お繰り合わせのうえ、
ご参加いただけますようお願いいたします。

つきましては、9月27日（金）の17時までに出欠をご返信ください。
ご協力のほどよろしくお願いいたします。

＜社内懇親会詳細＞
会場：「ベジスムー」（田町駅前立花ビル1階）
地図：bejizumu.com/access.xxxxx
時間：19時～21時
参加費：4000円

モモがキーボードを叩くスピードは、佐々木の半分にも及びません。そもそもブラインドタッチができていません。ミスタッチも多く、デリートキーを押す回数も多めです。

それでも佐々木は、せかすこともいらだちを見せることもなく、モモが修正し終えるのを待ちました。

「おお、よくなった。締め切り日時も明確だし、『ご協力のほど』という言葉もきいてるじゃん。これなら返信漏れがほとんどなくなるな」

「『ご連絡ください』は『ご返信ください』にしてみた」

「より適切な言葉を選んだ、と。たしかに、メールで連絡してもらいたなら『ご返信』と書いたほうがいいよな」

「おっ、いまほめた？」

「一応な。ギリギリ合格ライン」

人は思った以上に〝怠け者〟です。相手に何かしらの行動を望むときは、その行動を具体的に書く必要があります。「(言わなくても)やってくれるだろう」という甘い希望は捨てましょう。

何でもかんでも「よろしくお願いいたします」で済ませている人は、とくに注意が必要です。

×ご確認のほどお願いいたします。

○間違いや不備がないか、資料の内容のチェックをお願いいたします。

×ご参加をお待ちしております。

○参加希望の方は、下記のフォームよりお申し込みください。

×ご検討のほどよろしくお願いいたします。

○ご検討のうえ、13日(月)の17時までにご返信いただけると助かります。

×いいアイデアがないものかと思案しております。

○もしいいアイデアがあれば、遠慮なくご提案ください。

仕事で文章を書くときには、遠慮や気恥ずかしさは禁物です。〝相手にしてもらいたい行動〟を具体的に書かないと、相手も自分も損をします。言うべきことをしっかり伝えることで信頼関係も築かれていくのです。

目的を達成するために、必要な要素を盛り込む

「最後にもうひとつだけ重要なアドバイスをするぞ」

「まだあるのか！」

「何だよ、その妙なテンションは。逆に怖いわ」

「気にしないで！　いっちゃおう！〈たしかに私、変なテンションかも？〉」

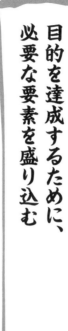

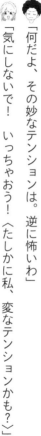

「さっき『この文章を読んだ人たちに望むことは、どんな行動だ？』と聞いたときに、モモは何て答えた？」

「えーっと、『社内懇親会に参加してもらうこと』と言ったかな」

「だよな。案内文を送る立場としては〝出欠の返信をもらうこと〟が、してもらいたい行動なんだけど、幹事としては〝参加者を集めること〟も大きな仕事だ」

「うん、うん」

「ホントにそう思ってる？」

「思ってるって！　たくさん来たほうが盛り上がるじゃん」

「でも、正直、最初の案内文を読んだとき、オレは行きたいと思わなかったな」

「えっ、それはモジャ先輩が、その日、忙しいからでしょ？」

「忙しくないよ。でも、行きたくならない。だって、この懇親会に魅力を感じないんだもの」

「ちぇっ、厳しいなあ。でも、そう言われると、たしかに魅力を感じてもらおうという書き方はしてないからなあ……」

「社内懇親会をやります。詳細はこうです、と、ただ情報を書いているだけ」

「うぐぐ……。返す言葉もない」

「まあ、落ち込むなって。世の中の幹事の大半が、そういう案内文を書いているから。でも、もしもこの先、モモが文章力をアップさせたいなら、もっと言うと、

仕事がデキる人になりたいなら、そこで何かしらの工夫を凝《こ》らしたいところだ」

「〈ずいぶん上からきたなあ！〉つまり……みんなが参加したくなるようなことを書けばいいってこと？」

「オレだったらそうする。ちなみに、今回の懇親会の目的は？」

「それは……社員の親交を深めるためでしょ。〈ホントはよく知らんけど〉」

「みんな社内の人ともっと交流したいと思っていると？」

「うっ、そう言われるとツラいなあ。思っていない人もいると思う」

「だろ？『親交を深めましょう』というのは、どちらかと言うと会社側のご都合主義的な理屈だ。だって、それを望んでいない社員もいるわけだから。だとしたら、さあ、どうする？」

「あっ！　ベジスムーの店長が『今回は特別に岩手県産の最高級松茸を使った松茸ごはんを提供します』って言ってた。『いつも利用してくれるお礼です』って」

「おっ、いいカード持ってるじゃん！　参加費４０００円で、高級松茸ごはんが食べられる飲み会なんてふつうはないからな」

「たしかに伝えないともったいない情報かも。うちの社員は食いしん坊が多いし」

「じゃあ、最後にその一文を盛り込んでみようか」

修正文
5

10月4日（金）に
業績報告を兼ねた社内懇親会を行ないます。

万障お繰り合わせのうえ、
ご参加いただけますようお願いいたします。

つきましては、9月27日（金）の17時までに出欠をご返信ください。

＜社内懇親会詳細＞
会場：「ベジスムー」（田町駅前立花ビル1階）
地図：bejizumu.com/access.ｘｘｘｘｘ
時間：19時〜21時
参加費：4000円

＜耳寄り情報！＞
ちなみに、今回は、いまが旬の岩手県産の高級松茸ごはんが出ます！
お酒と一緒に、松茸の豊かな香りと風味を楽しみましょう。

「へい、親分！〈私もずいぶんヤケクソだな！〉」

「最後に『耳寄り情報』として入れたのか。なかなかいいアイデアだ。こう書かれていると、オレもちょっと行きたくなった。ああ、そういえば、お腹すいたな

あ……」

「ほんとだあ。私も何も食べてないからお腹すいちゃった」

グルルルル〜。

ほぼ同時に2人のお腹が鳴りました。目と目を合わせて苦笑いした2人は、少し慌てて視線をお互いからそらしました。

〈何だ今のユニゾンは。気持ち悪っ！〉

モモは空腹を感じながら時計を見ると、時計の針は22時を指そうとしています。

「そうだ。せっかく松茸ネタを盛り込むんだから、みんなのお腹がすいている時間帯にメールを配信したら？　お昼前の11時ごろとか夕方16時ごろとか」

「それいい！　参加者が増えそう。でもホント、松茸ごはんのことを盛り込んだだけで、すごく懇親会の魅力と価値がアップした気がする。そっかー、こういうことで、人の気持ちって動くのか」

「そういうこと。仕事で書く文章では、多くの場合『人に何かしらの行動をしてもらう』という目的があるはずだから」

「目的かあ。そこに対する認識は甘いかもなあ」

「おいおい、そこは厳しくいかなきゃ。メールだけじゃなくて、企画書や報告書、営業資料なんかも全部そう。目的を達成する文章を書いていくことが大事なんだ。そうでないと、文章作成に費やす時間と労力のコストがムダになりかねない」

「わー、それはイヤだ。〈ムダって大嫌い！〉」

「ムダになるだけでなく、それを書いた人自身の信頼も低下しかねない。たかが案内メールでも、その人の仕事の仕方は透けて見えるから」

「げっ。それって、ある意味ホラー映画より怖いかも」

「たとえば、モモが書いた案内文の反応がよくなければ、後藤チーフが『モモは使えない』とレッテルを貼ってもおかしくないわけだ」

「ちょっと脅かさないで！　それにしても『使えない』とは！　許さんぞ、ゴッチ！」

「いやいや、まだ後藤チーフは何も言ってないから」

「はっ、つい臨戦態勢に入ってしまった」

「極端な話をすれば、そういうこともありうる、ということ。でも逆に言えば、書き方次第で後藤チーフの期待を上まわることもできるわけ。つまり、信頼を勝ち取ることができるんだ」

「そっか！　私はデキるオンナの道を選ぶ！　よし、この先、どんな文章を書くときにも、確実に目標を達成してみせる」

「そうそう、その意気込みだ」

仕事で使う文章には、必ずと言っていいほど目的があります。

・商品のセールス文　→【目的】商品を購入してもらうこと
・企画書　→【目的】企画を採用してもらうこと
・ES（エントリーシート）→【目的】内定をもらうこと
・お詫び文　→【目的】相手に許してもらうこと

では、片思いの相手に届けるラブレターの目的は何でしょうか？

「好きだという気持ちを相手に伝えること」——という答えでは、残念ながら、目的としては〝弱い〟です。

ラブレターの目的は「相手にも『（こちらのことを）好きだ』と感じてもらうこと」です。

もっと言えば、あなたに興味がなかったかもしれない相手が、そのラブレターを読んだ瞬間に「私、この人のこと好きかも……」「この人のこと好きになりそう……」と思ったとしたら、それは最高のラブレターではないでしょうか。

では、その最高のラブレターを書くためには、何を書けばいいでしょうか。

単に「あなたのことが好きです」と自分の気持ちを書けば、相手が好きになってくれるかと言えば、そうとは限りません。

もちろん、唯一の正解はありません。ぐいぐい押してくる文面に好意を持つ人もいれば、逆に、抑制のきいた文面に好感を持つ人もいます。何に喜ぶかは、それこそ相手が〝何を求めているか〟によって変わります。

それゆえ、相手の立場で考える必要があるのです。

何を書けば自分に興味・関心、そして好意を持ってくれるだろうか？

そういう意識で文章を紡《つむ》いだときに、理想的なラブレターが誕生するのです。

「それにしても、モジャ先輩のアドバイス、悔しいけど、役に立ったわ」

「どうしていちいち悔しがるのか、意味わからんわ。文章力はまだまだだけど、モモの語彙力とユーモアはなかなかのもんだよ」

「何だかバカにされている気がするなあ。まあいいや。引き続き、文章力に磨きをかけていきたいので、モジャ師匠、これからもヨロシク！」

「いやいや、今日だけでオレはもう十分なんだけど……」

「私を指導できるなんて、どんだけ幸せなんだって話よ」

「神かと思うほど上から目線だな！」

「くどくど言わない！」

「は、はい。って何だそりゃ？　まあ、いいや。その代わり、こっちも手加減はしないからな。覚悟しとけ」

「ラジャ！」

「古っ。さすが昭和生まれ！」

「違うから！」

教えてもらったお礼に、モモは佐々木に夜ごはんをごちそうしようかと思いましたが、「もう時間が遅いから」とかわされてしまいました。

モモはちょっぴり胸をザワつかさせながら、〈ちぇ、モジャ先輩め。私の誘いを断るなんて10年早いわ〉と心のなかでつぶやきました。

CHAPTER 02の
ポイント解説

①案内文などの場合、案内の詳細を最後にまとめて載せる。

②並列関係にある複数の情報を書くときには、「箇条書き」を使う方法もある。

③読む人にとって有益なサイトや地図がある場合、そのURLを載せる。

④自分にとっての「あたり前」は、読む人にとって「あたり前」とは限らない。

※常に「この文章を読む人は何も知らないかもしれない」

「この文章を読む人は忘れているかもしれない」と考えて書く。

⑤ビジネス文章・メールでは、

最初に「ひと手間」かけたほうが、結果的に効率がよくなる。

⑥いつでも最適な言葉を選ぶ。

⑦文章を読む人に「してもらいたい行動」を具体的に書く。

⑧「してもらいたい行動」とともに期日を伝える。

⑨文章を書くときには目的を明確にする。

⑩目的を達成するために必要な情報を盛り込む。

CHAPTER

03

具体的に書くと
ダンゼン伝わりやすくなる

▶報告書・リポート編

おお！
この案内文よくできてるじゃないか…北川！
ありがとうございます後藤チーフ
お前にやらせて正解だったな
これからも頼りにしてるぞ
任せておいてください！
えへへ…ほめられちゃった♪
でも…半分以上はモジャ先輩の手柄なのよね…
ちらっ
なんか…借りを作ったままの状態でおちつかないな…

そうだ!
晩ごはんの誘いは断られちゃったけど……
お弁当なら気軽に受け取ってもらえるでしょ!
初心者でも失敗しない お弁当おかずBook
これで借りナシ! 心おきなくまたアドバイス頼めるぞー
えーっと どれどれ…
!?
「適量」…? 「少々」…!?
だし巻きたまご
材料
しょうゆ …少々
砂糖 …適
油
って…具体的に何グラムよ!?
これは… アレだ
自分(レシピ作った人)にとってのあたり前が相手(私)にとってもあたり前とは限らない …ってやつだ!
はっ

そうか…！
ビジネス文章と
料理は通じる
ものがあるんだ
さくっ
最初にひと手間
かけたほうが…
結果として
効率がよくなる
いつでも
最適な
言葉（調味料）
を選ぶ！
さと
しお
パーッ
できた！
ぐちゃ
…あれ？

モジャ先輩！
これ…この前のお礼！
おっ
傷だらけ…？
だっ
じゃー
ガサッ
だし巻き卵だけのお弁当…かぁ
アイツなりにがんばったんだな
……料理もビジネス文章もまだまだ修業が必要だわ…

具体的に書くと伝わりやすくなる？

「あっ、いた！　探したよ、モジャ先輩！」

ディレクターズルームにモモの声が響きます。

「あれ、いま隠れようとした？」

「おお、モモか。隠れる？　ん、何のことだ？」

「まあ、いいや。緊急事態なの。ちょっとヒヤリング報告書を見てくれない？」

「ああ、先月からやりはじめた情報共有が目的のやつか」

「そう。これから後藤チーフに提出するんだけど、いつも提出するたびに『ちゃんと書け！』って怒鳴るから、事前にチェックしてもらおうと思って」

原文

ヒヤリング相手：しんぼるドリル株式会社　山本様
日時：2018年◯月△日
ヒヤリング担当：北川桃果

内容：以前に作ったHPが活用できていないということで、ご相談に見えられました。例のバナーのクリック率も悪いそうで残念です。新たな施策として、ブログ運営を提案しました。おそらくブログをスタートすることになるでしょう。来週の打ち合わせで、もろもろ詰めて行く予定です。

「ずいぶん自分勝手な緊急事態だな」

「細かいことはいいから！」

　モモは持っていたノートパソコンの画面を、佐々木の目の前にグッと寄せます。佐々木は、思わずそれを受け取ってしまいました。

　読み終えた佐々木は、神妙な面持ちでノートパソコンをモモに返し、そっとその場から立ち去ろうとしました。

「ちょっと！　そのドロン大作戦、1週間前もやったから！」

「はっ。モモ、そこにいたのか」

「それも、やった！」

「そうか、もう使用済みだったか……」

「ドロンのバリエーション、少なすぎだか

ら！　そんなことより、どう？　何か具体的にアドバイスがほしいんだけど」

「あ、いまのそれ。その言葉を、そのままお返しするよ」

「はっ、意味わかんないんだけど」

「『具体的にアドバイスがほしい』って言ったよな。オレが言いたいことも同じだ。
具体的に書くこと」

佐々木は、具体的に書かれていない箇所をモモに伝えました。

・以前に作った→以前っていつ？　うちの会社が作ったの？　それとも他社？
・活用できていない→具体的には？
・例のバナー→どのバナー？
・クリック率も悪い→悪いって、どれくらい？
・来週の打ち合わせ→いつ？
・もろもろ詰めていく→もろもろって何？

佐々木の速射砲のような質問を受けて、モモは意識を失いかけました。

「はー。報告書って、そこまで具体的に書かなくちゃいけないんだ」

「どこまで具体的に書くかは、会社や上司がどこまで求めるかによるけどな。少なくともその報告書は、スタッフ全員で情報共有することが目的だから、ヒヤリングした内容を具体的に書かないと意味がない」

「ああ、また目的か。このあいだ教えてもらったことが活かせてないなあ」

「ちょっと書き直してみな」

「うーん、わかった。〈めんどくさいけど、ゴッチに怒られるよりはマシか〉」

数分後、「ふぅー、こんな感じかな」とモモが言葉を発しました。

「よくなったでしょ?」

「どれどれ。——さっきよりはマシになったな。自分で読んでみてどう?」

「うん、だいぶ変わった。情報量が一気に何倍にもなったというか」

「だな。伝わらない文章を書く人ほど『言葉があいまい』なケースが多い」

「具体性かあ。苦手分野だけど、気をつけてみる!」

内容：2017年の６月にカキネットでHPを制作。しかし、月のアクセス数が未だに5000アクセスに届かず、集客や収益に結びついていないということでした。そのことで、ご相談に見えられました。資料請求のバナーもクリック率が１%と少ないということで残念です。今回、HPへのアクセスを増やすための施策として、ブログの立ち上げを提案しました。おそらくブログをスタートすることになるでしょう。ブログの方向性やバナー位置の最適化については、次回（15日）の打ち合わせで、詳細を詰めていく予定です。

修正文1

言葉を具体的にするときには「数字」や「固有名詞」が大きな役割を果たします。

・最寄り駅からそこそこ歩きます。→**ＪＲ田町駅**から**徒歩10**分です。

・大幅なコスト削減を実現しました。→**前年比30%**のコスト削減を実現しました。

・こんど新製品を発売します。→**来月８日**に新製品**「ＢＺマスク」**を発売します。

・資料を少しコピーしてお持ちください。→**講演会の事前説明資料**を**８部**コピーのうえ、**明日（18日）の会議**にお持ちください。

それぞれ原文と修正文の差は一目瞭然です。

ちょっとした違いですが、そこが、いい文章と悪い文章の境目なのです。

意見をあたかも事実のように書かない

「さて、ここからが本番だ」

「げっ。これまでのは準備体操だったのか……」

「『残念です』という言葉が、2つの意味でよろしくない」

「そうなの？　だって残念なんだもん」

「ひとつ目が、クリック率の件は『残念です』で終わらせる内容ではないということ。どこか他人事のようにも聞こえる」

「むむむ。もうひとつは？」

「『残念です』はモモの主観？　それとも客観的な事実？」

「そう言われると……主観かな」

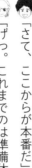

「ほう。この文章だと客観的な事実のように感じるな。自分の考えや意見を、あたかも事実のように書くと、文章の信頼度を落とすことになるぞ」

事実と意見を分けることは、仕事で文章を書くうえで極めて重要です。個人的な意見にもかかわらず、事実のような書き方をすると、読む人が困惑しかねません。また、書き手自身の信頼を落としてしまう恐れもあります。

一例を挙げましょう。

商品Aの今月の売り上げは350万円と低調でした。
原文

上記の原文を読んだ全員が「たしかに３５０万円は低調だよね」と思うなら、この書き方でも構わないでしょう。

しかし、この文章を読んだ人の多くが「３５０万円？　高いとは言えないけど、低調と言うほど悪くはないのでは？」、または「３５０万円って、そこそこいい数字だよね」と思ったとしたらどうでしょう。

原文は、事実ではないことを、あたかも事実であるように書いた、ということになります。

修正文1

商品Aの今月の売り上げは350万円。好調を維持していた前年同月（450万円）と比べると低調でした。

修正文2

商品Aの今月の売り上げは350万円。商品Bの今月の売り上げ（470万円）と比べると低調でした。

修正文3

商品Aの今月の売り上げは350万円。私見ながら、本来の実力からすると、低調に思えました。

このように、「低調」という判断を下すのであれば、「比較を用いる（修正文1や2）」、「個人的な意見であることを示す（修正文3）」など書き方を工夫する必要があります。

事実と意見を明確にすることによって、読む人の理解度と納得度が高まります。

「これ、やりがちだあ。たしかに事実と意見の境界線が見えていないと、いろいろな問題が起きそう」

「ホントにそう。『この人は事実を歪曲して伝える人』と思われたり、『事実と意見の違いがわかっていない』と思われたりしたら、信頼の低下を招いて損するよ」

「そんなのイヤ！　これから気をつけるわ」

情熱で書いて、冷静で直す

「あれ？　モジャ先輩、その顔は……まさか？」

「おお、まだあるぞ。『月のアクセス数が未だに3000アクセスに〜』って表現の『アクセス』が重複しているよ。もう1回アクセスが登場したら、トリプルアクセルだぜ」

「その意味不明なフィギュアスケートギャグ、やめてよ。第一『アクセル』じゃなくて『アクセス』だから！」

「ほかにも冗長なところがあるなあ」

「えっ？　ジョウチョウ？　ああ、長いってこと？」

「そう。ムダが多いということ」

「けっこうまとめたつもりだったけど……」

「たとえば『そのことで、ご相談に見えられました』なんている？」

「事実なんだけど」

「事実だけど、あえて書く必要はある？　あと『おそらくブログをスタートすることになるでしょう』もいらないかな。だって、その直前に『ブログ運営を提案しました』とあるわけだから。ないほうがスマートだよね」

「何でもかんでも書きすぎってわけか……」

「不要な情報は『ノイズ』になりかねないから気をつけないと。それと、日本語特有の『くどい言いまわし』も避けよう。たとえば『集客や収益に結びついていないということでした』の『ということでした』がくどい。簡潔に『集客や収益に結びついていないとのこと』とかでいいんじゃない？」

「ぬぬぬ。そっかあ」

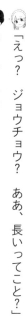

内容：2017年６月にカキネットでHPを制作。しかし、月のアクセス数が未だに5000に届かず、集客や収益に結びついていないとのこと。資料請求のバナーも、クリック率が1％と少なめです。今回、HPへのアクセスを増やす施策として、ブログの立ち上げを提案しました。ブログの方向性やバナー位置の最適化については、次回（15日）の打ち合わせで、詳細を詰めていく予定です。

修正文
2

「どうだ！　これでスリムになったはず！」

「うん、よくなった」

「モジャ隊長、北川桃果、やってやりましたよ！」

「うるさいわ。敵を射止めました、みたいな言い方するな」

「でもホント、削ったほうが読みやすい。それにしても、たったあれだけの文章に、こんなにムダが潜んでいたとは、にっくきムダめ！」

「生みの親はモモだけどな」

「チキショー。自分に腹が立つわ。〈エラそうなモジャ先輩にも腹立ってるけど！〉」

仕事で使う文章でのムダとは、おもに次の３つです。

①本筋と無関係な話
②重複する情報や言葉
③くどい言いまわし・表現

③のくどい言いまわしは、クセで使っている人が少なくありません。よく使いがちな「くどい言いまわし」と、その修正例を挙げてみます。

・成功**するということ**を思い描いた。→成功を思い描いた。
・会社で評価**されていく**ためにもがんばって**いきます**。→会社で評価されるためにもがんばります。
・デザインを修正**するとします**。→デザインを修正します。
・正解とは**言えないのです**。→正解とは言えません。
・記入し直す**ようにします**。→記入し直します。
・検討**したりしています**。→検討しています。
・明日の会議で発表**したいと思います**。→明日の会議で発表します。

「人間も文章もぜい肉は敵だ」

「ぜい肉……たしかに」

「オレがいつも心がけているのは『情熱で書いて、冷静で直す』という書き方だ」

「何それ？　妙にカッコイイんだけど」

「言葉の響きに惹《ひ》かれただけだろ。書くときは情熱的に一気に書き上げて、あとから読む人の気持ちになって冷静で直す、というやり方。そして、冷静に直して文章ダイエットを実行するんだ」

「直すときにぜい肉を落としていくわけね。って、どうでもいいけど、さっきからチラチラと私の二の腕を見るのやめてくれない？」

「見てねえーわ！」

「見てた！」

「わかった、わかったから大きな声を出すのはやめようね～。いい子だからね～。

〈みんながオレを怪しい目で見てるじゃないか！〉

「わかればいい。話を続けて。〈お、大声作戦、いいかもしれない！〉」

「おお。情熱で書くときは、想定する完成形の1・3倍とか1・5倍の量を書くんだ。そのときには情報を漏れなく盛り込んでおくこと。書き終えたら、少しでも読みやすくなるよう、こんどは、ぜい肉を削ぎ落としていく。つまりは断捨離《だんしゃり》だ」

「わー、出た、片づけ。チョー苦手分野なんだけど」

「たとえば、オレのこのデスクの上を片づけるとするだろ？　全体の20％を削らないといけないとしたら、モモは何から捨てる？　パソコンから捨ててみるか？」

「まさか！　その書き損じたメモ帳とかいらなくない？　あと、それ何？　コンビニの領収書とか、とっとと捨てちゃいなよ。貧乏くさいから」

「うっさい。でも正解だ。パソコンとかクライアントの資料とか大事なものから捨てるバカはいない。捨てるとき、人は不必要なものから捨てていくんだ」

「そっか、文章も同じというわけね。へぇー、そう考えると人間の脳って賢いのね。ちゃんと必要なものとそうでないものが見極められるんだから」

「だな。不要なぜい肉が削《そ》ぎ落とされたとき、本当にスリムで読みやすい文章になるんだ」

「あーあ、私も夏に向けて少しぜい肉を落としたいなあ」

「……」

「だから二の腕を見るなっつうの」

「いまのは絶対に誘い水を向けたよな！」

詳細解説！「冷静で直す」ポイント

「よし、じゃあ、『ムダを削る』以外に、『冷静で直す』ときのポイントをもう少し掘り下げてみるか」

「へぇー、ムダを削るだけじゃダメなの？」

「もちろん、それだけじゃないさ。これから言う7つのポイントは、『冷静で直す』ときにオレがチェックしていることだ」

佐々木がモモに「冷静で直す」ときのチェックポイントを伝えました。

①論理が崩れていないか？

②「言葉足らず」ではないか？

③目的を達成できる文章になっているか？
④わかりにくい言葉や表現を使っていないか？（むずかしい専門用語などもチェック）
⑤情報のダブリはないか？（くり返し同じことを書くなど）
⑥文法は最適化されているか？（一文を短く／主語と述語の対応／修飾語と被修飾語の対応など）
⑦誤字脱字はないか？

例文1

A店の今期の顧客リピート率は85%でした。したがって、来期も同様の数字が期待できます。

例文2

A店の今期の顧客リピート率は85%でした。このままスタンプキャンペーンを継続すれば、来期も同様の数字が期待できます。

なかでも佐々木が力説したのが「論理が崩れていないか？」です。

例文1は、「今期がよかった↓来期もいい」という論理（話のつながり）が強引すぎるため、読んでいて納得がいきません。これでは「こじつけの文章」と思われても仕方ありません。

一方、例文2には、「このままスタンプ

キャンペーンを継続すれば」という条件がつけられています。この条件があることによって、論理が整いました。つまり、納得できる文章になったのです。

　このように「論理が整っている」か「論理が崩れているか」の差は、文章の説得力に大きな影響を与えます。

　文章に説得力を持たせたいなら、最低限「論理を整えた文章」を書かなければいけません。

「うおー、そこまで考えるのかあ。〝ムダを削る〟以外にも注意点が盛りだくさんなんだね」

「読み返して修正するところまでが『書く』という作業なんだ」

「なるほど〜。文章のクオリティを上げるには、推敲して直す能力も必要なのね」

「そう。世の中で『冷静で直す』ことまでしっかりやっている人は1割もいないんじゃないかな。だから、それをしっかりやれる人はブンタツ上位10％入りできるんだ」

「ブンタツ！　文房具の配達人！」

「おい、それ……わざと言ってるだろ？」

「わかってるわよ。『文章の達人』でしょ。ブンタツ上位10％入り！　何だかカッコいい！　私そのコミュニティに入る！　冷静で直すもん！」

「バカ正直というか、素直というか。調子いいというか」

「その1コ目と3コ目はいらないから！」

CHAPTER 03のポイント解説

①あいまいさをなくして具体的に書く。

②数字や固有名詞を積極的に使って具体的に書く。

③「事実」と「意見」は分けて書く。

④情熱で書いて、冷静で直す。

⑤テーマと関連性の弱いことは書かない。

⑥文章のムダを削る（文章ダイエット）。

・無関係な内容を削る
・情報の重複を削る
・言葉の重複を削る
・くどい言いまわしを削る

⑦7つのチェックポイント（84ページ）を意識しながら、冷静で直す。

⑧文章に説得力を持たせるためには「論理の整った文章」を書く。

CHAPTER

04

状況に応じて
テンプレートを活用する

▶社外へのメール編

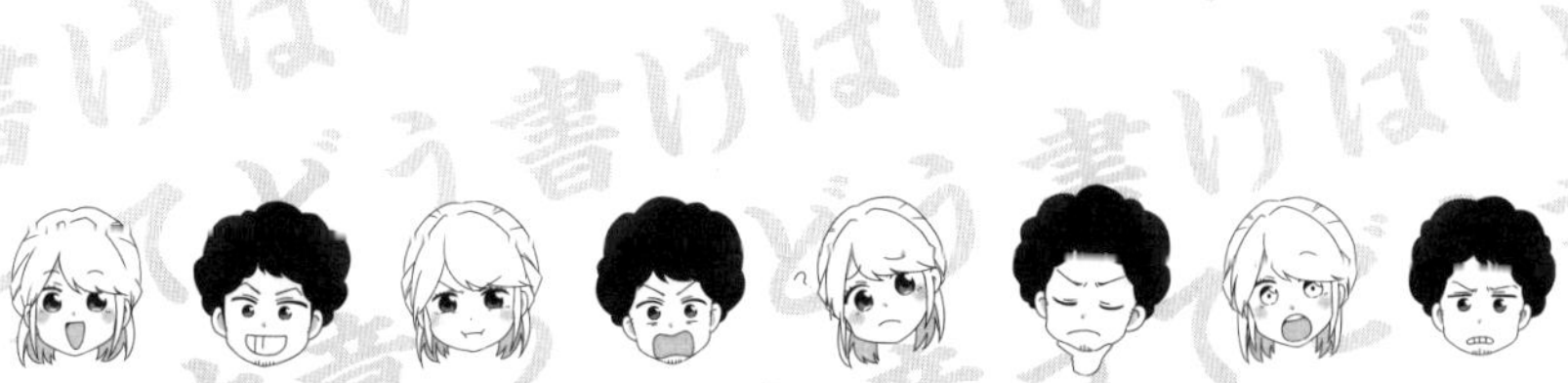

ピロ
リン
メールを受信
おっ…社内の慶弔報告メールだ
どれどれ？
なんだろう…この文章すごくわかりやすい
はっ……そうか！
こういう文章のいいところを真似して取り入れれば私の文章力も上がるんじゃない？
たしかにそういうやり方もアリかもな
じぃ～
じ～…
じ～…
5分後
だめだぁ……！
ガバ
わかりやすい理由がわからない！
バッ

…なら逆にわかりにくい文章のダメなところを見つけて反面教師にしたらどうだ？
ずいっ
…それで文章がうまくなるの？
件名：はじめまして
宮本太一先生
じゃ…さっそくひとつの例を
…って私が書いたメールの下書きじゃん！
ずララん…
もうヤダア…
反面教師の例として一番よさそうだったからな

…でも大丈夫！
ガッ
おまえならできる…モモ！
ほえ？
その理由は3つある
①最後までやりとげる責任感がある
②後藤チーフがモモの才能を買っている
そして③
俺はおまえを信じてる
ドキ

わっ…わかった！
がんばってみるから
変顔やめてよね！
変顔？
そんなふうに
言われたら
悪い気しない
じゃんっ…
あぁぁ……
なんか胸が
ムズムズする
モモめ…
気づいてないな
俺がビジネス文章の
テクニックを使って
ヤル気を引き出した
ことに……
………
変顔って
俺…フツーの顔
してたんだけど

メールの件名は何のためにある？

佐々木はひととおりアドバイスし終えて、仕事に戻ろうとしましたが、その場からモモが立ち去る気配がありません。

「モジャっち。ここは『乗りかかった船』ということで」

「おいおい、何だよ、その鬼気迫る顔は。オレとしては『乗りかかった』というよりは、『むりやり乗せられた』という表現がしっくりくるんだが」

「まーた、そんな理屈っぽいこと言って。『呉越同舟』、ここは仲よくいこう！」

「うまい……ことあるか！　やっぱり俺のことを敵だと思ってるんだな！」

「まあまあ、こっちには二の腕をディスられた貸しもあるわけだし」

「その図太さ、尊敬に値するわ。何さ、ご相談用件は？」

「今年の社内研修の講師候補に依頼のメールを送ろうと思ってるんだけど……」

「書き方がわからない、と」

「さすが！　私の頼れる代弁者！　いや救世主！　よっ、モジャあらため、キング・オブ・モジャ！」

「うっさい！　人の名前で遊ぶな！」

「ふー、乗りかかった船か」と妙な説得力を感じながら、佐々木はモモのノートパソコンをのぞきこみました。

原文A

件名：はじめまして

宮本太一先生

お世話になっております
私は、株式会社カキネットの北川桃果と申します。

弊社は、飲食店向けに、東京23区限定で、
総勢43名のスタッフでWEB制作を行なっております。
毎年100店舗以上のホームページを制作しております。

つきましては、
宮本先生に研修の講師をお願いしたく
ご連絡させていただきました。

よろしくお願いいたします。

読み終えた佐々木は、どこからアドバイスしようか悩んでいました。
その表情を見ているだけで、モモは少し気持ちが重たくなりました。

「まずな、件名。何これ？」

「はじめて連絡を取る相手だから……」

「ああ、それじゃ仕方ないね……って、なるか！　まったくダメ。メールの件名っていうのは、あいさつを言う場でも、自分が好きなことを書く場でもないから」

「じゃあ、何を書けばいいのさ？」

「そのメールに書かれていることが一発でわかるようにしておく、いわばメールのタイトルのようなものだ。このメールはどういうメールなんだっけ？」

「だから、研修の講師をお願いしようというメール。ん？　あ、だから、それを書けってこと？」

「だな。『研修講師のご依頼』でいいんじゃない。もう少し具体的に『〇〇研修の講師ご依頼の件』みたいな感じでもいい。件名を見た瞬間に、相手が内容を理解できればＯＫだ」

「ダメな件名」と「いい件名」の差は「メールの内容を要約できているかどうか」です。件名を読んだだけで、本文に書かれていることが理解できれば合格です。

【ダメな件名例】

おはようございます／お世話になります／至急のご連絡／お願いがございます／カキネットの北川です／ご迷惑をおかけしています

【OKの件名例】

商品「ビッグボンバー」の配達遅延の件／3月2日の新製品発表会の詳細確認／カタログ『Beauty Sense』の文字校正のお願い／小平市起業アイデアコンテストの申し込み要項／CSカンパニーのWEB決済システムの不具合／春の笑顔キャンペーンのポスター案（3点）／HAプロジェクトの運営概要について

メールの受信数は、人によって差がありますが、1日に数百件のメールをさばく人もいます。そのような人に対して、内容が見えない件名のメールを送ると、開封を後まわしにされやすくなります。

また、誤って（またはアヤシイと勘違いされて）削除されたり、迷惑メールのフォルダに入れられたりする恐れもあります。

「わかった、改心する！　生まれ変わる！」

「よろしい。件名をつけるスキルも文章力の一部だぞ。だって、的確な件名をつけるためには、自分が書いたメールの核心が見えていないといけないわけだから。件名やタイトルを見れば、その人の文章力はだいたいわかるよ」

「げっ、件名がそこまで奥深いとは……」

同じ言葉にかかる複数の修飾語の並び順は？

「さてと、文法的な講義に入るか」

「出た文法！　それニガテ……」

「まず気になったのが『弊社は飲食店向けに、東京23区限定で、総勢43名でウェブ制作を行なっております』のところ」

「間違っていないよね？」

「内容はね。でも、少し読みにくくないか？」

佐々木はこの文章の構造を説明しました。

・弊社は↓ＷＥＢ制作を行なっております。
・飲食店向けに↓ＷＥＢ制作を行なっております。
・東京23区限定で↓ＷＥＢ制作を行なっております。
・総勢42名のスタッフで↓ＷＥＢ制作を行なっております。

このように「ＷＥＢ制作を行なっております」にかかる言葉が４つあります。

「弊社は↓ＷＥＢ制作を行なっております」は主語と述語の関係なので、原文のように、冒頭と最後に配置する形で問題ありません。

しかし、その次にくる「飲食店向けに、東京23区限定で、総勢42名で」の部分がスムーズさを欠いています。

佐々木はモモに、同じ言葉にかかる修飾語が複数あるときの原則を２つ伝えました。

原則1：長い修飾語は先、短い修飾語はあと
原則2：包括情報は先、詳細情報はあと

「ん、どういうこと?」

「長い短いは、単純に文字数の問題さ。口に出して文字が多いほうを先に配置してあげればいい」

「うん、それは何となくわかる。わからないのは原則2のほう」

「包括情報というのは、大きい状況の説明のこと。たとえば『私はサラリーマン。28歳です』よりも『私は28歳。サラリーマンです』のほうが自然だと思わない? それは『サラリーマン』という職業情報よりも、『28歳』という年齢情報のほうが、自己紹介という意味では包括的な情報だからなんだ」

「へそなるー」

「何なんだ、その『まいうー』みたいなやつは」

「はずれ~。イメージは『ギロッポン』だから」

「どっちでもいいよ! まあ、いいや。まずは原則1にあてはめて『長い↓短い』の順にしてみな」

弊社は、総勢42名のスタッフで、東京23区限定で、飲食店向けに、ＷＥＢ制作を行なっております。

「うーん、こんな感じか。原則2をあてはめると……あ、並び順は変わらない……かな。じゃあ、これが一番いい並び順なのかな？」

「うん、並び順はそれが一番スムーズだ。ただ、『～で、～で』と『で』が続くと座りが悪いから、言いまわしを変えよう」

弊社は、総勢42名のスタッフで、**東京23区の飲食店向けに**、ＷＥＢ制作を行なっております。

「おお、ぶつ切れ感が消えた！」

「もう少し工夫することもできそうだ」

弊社は、総勢42名のスタッフで、**東京23区の飲食店に特化した**ＷＥＢ制作を行なっております。

「おー、言いまわしを変えることでも読みやすくなるのか。『特化した』って表現がスペシャリスト的な感じでいい！」

「そもそもひとつの言葉を修飾する言葉が多いということは、一文が長すぎる可能性が高いわけだ。だから、並び順うんぬんではなく、文章を分割したほうがいいときもある。まあ、今回はさほど長くないからこのままでいいけど」

「そっか。でも修飾語の並び順に原則があるなんて知らなかったなあ。いいこと知ったわ」

「ただし、原則はあくまでも原則だから。原則に従っても違和感があるときは、読みやすくなるように工夫していかないとな。絶対守らなければいけないルールとは違うから」

「オッス！　おら悟空！」

「ったく、どっと疲れるわ」

文法的な原則としては、この修飾語の並びが最もややこしいため、佐々木は、ほかにもいくつかの問題をモモに考えさせました。

わかりやすいネット音痴のための「ブログ運営マニュアル」を作る。
※原則の適用前。「わかりやすい」が「ネット音痴」を修飾しているようにも見える。
原文

ネット音痴のためのわかりやすい「ブログ運営マニュアル」を作る。
※原則1（長い修飾語は先、短い修飾語はあと）を適用。
修正文

外国語への翻訳ができる昨日ダウンロードしたアプリを使う。
※原則1（長い修飾語は先、短い修飾語はあと）を適用しているものの違和感がある。
原文

昨日ダウンロードした、外国語への翻訳ができるアプリを使う。
※原則2（包括情報は先、詳細情報はあと）を適用。このように時制や場所を含んだ包括情報を先に持ってくると文章が読みやすくなる。
修正文

読む人を動かしたいときは、「自己重要感」にアプローチする

「さて、お次は内容面だ。この前、文章を書く目的の話をしたよな」

「あ、うん。今回は講師の仕事を受けてもらうことが目的だけど……これじゃダメってこと?」

「『喜んで受けます!』という気持ちにはならないかな。宮本先生が忙しい方なら断るかもしれない」

「えー、それ困る!〈モジャ先輩め、言いたいこと言いやがって!〉」

「依頼の文章を書くときに大事なのは、相手がどんなに忙しくても、『スケジュールを調整してでも協力したい!』と思ってもらうことじゃない?」

「ああ、懇親会の案内文で指摘されたことと同じかあ」

「そういうこと。ひとついいことを教えよう」

「うん、そういうのウェルカム！」

「人は『自己重要感』を高めてくれる人のことが好きなんだ」

「事故ようかん？」

「食べ物じゃないわ！」

「ノってくれてありがとう！　自己重要感ね。言葉は聞いたことある」

「自己重要感というのは、ざっくり言うと『(無条件に) 自分は愛されている』『(無条件で) 自分には価値がある』と感じるココロのバロメーターのことなんだ」

「へえ。だったらモジャ先輩も、私の自己重要感を少しくらい高めてよ！」

「まずは宮本先生だろ。で、どう？　この文面で、宮本先生の自己重要感は高まる？」

「いや。そもそも高めようと思って書いてないし……」

「だよな。それで自己重要感が高まったら、それこそ奇跡だよ。そもそも宮本先生を講師の候補に選んだ理由は？」

モモはとたんに目を輝かせて、宮本先生を選んだ理由を語りはじめました。

「宮本先生の写真のうまさといったら〜。それに〜。さらに〜。ついでに〜。」これぞ「立て板に水」。佐々木がストップをかけなければ、いつまでも終わりそうにありませんでした。

「わかった、わかった。宮本先生へのリスペクトは十分に伝わった！　その熱意がどれだけ依頼文に盛り込まれていると思う？」

「あ、いや、まったく盛り込まれていない」

「オレがさっきの話を聞かされてもまったくうれしくないけど、宮本先生が聞いたらどれだけ喜ぶか。それが自己重要感を高めるということだよ」

「ああ、そっかあ。自分の気持ちなんて伝えていいのかなって、二の舞を踏んじゃったけど、伝えていいんだ」

「相手が喜ぶならＯＫだよ。あと、踏むのは『二の舞い』じゃなくて、『二の足』だから。二の舞いは『二の舞いを演じる』って使うんだよ。前の人と同じことをくり返すことのたとえ」

「そ、そうだったのか……」

「おいおい検索すんな！」

「おお、ホントだ！　モジャ先輩、疑って悪かった！　謝る！　陳謝！　猛省！」

「言葉を重ねるほどに重みがなくなっていくな。反省の色は1ミリも見えないけれど、まあ、いいや。じゃあ、自己重要感を高める文章を入れてみな。あ、くれぐれも書きすぎるなよ。簡潔に、な。それと……」

「まだあるの？」

「『宮本先生に研修の講師をお願いしたく』って書いてあるけど、いったい何のテーマで講師をお願いするんだよ。オファーの内容を明確にしようぜ」

「うー、グーの音が出ない」

「おなかの『グ～』はよく鳴らしているクセに……って、柄にもなく顔を赤らめてるんじゃないよ！」

モモは何やらモニョモニョ言いながら、文章を修正しました。

「よっしゃ。われながらよく書けたかも。これなら喜んでくれるかな？」

「おお、よくなったじゃん」

修正文 1

件名：スマホ撮影研修の講師ご依頼の件

宮本太一先生

はじめてご連絡させていただきます。
私、株式会社カキネットの北川桃果と申します。

弊社は、総勢42名のスタッフで、
東京23区の飲食店に特化したWEB制作を行なっております。
毎年100店舗以上のホームページを制作しております。

先日、宮本様のご著書を拝見し、深い感銘を受けました。
スマホ1台で、あそこまでオシャレな食事写真が撮れるとは……驚きました。

つきましては、フード撮影の第一人者である宮本先生から
スマホで撮影するフード写真の極意を伝授いただけないかと、たいへん不躾ながら、
ご連絡させていただいた次第です。

よろしくお願いいたします。

使えるテンプレート「結論優先型」と「列挙型」

「『つきまして〜』までが少し長くなったから、冒頭で講師の依頼をする旨も軽く盛り込もうか。名前を名乗ったあとに『宮本先生に研修の講師をお願いしたく、ご連絡させていただきました』と入れておけば、宮本先生も安心しながら、その先を読み進めることができるはず」

「ビジネス文章では結論が先、ってヤツね」

「そういうこと。結論が見えない文章を読まされるのは不安だし、イヤなものだから。それともうひとつ……」

「まだあるのかー。終わりなき旅だなあ」

「この文章だと、おそらく相手からの返信は質問だらけになるぞ。時期は？　研修時間は？　講師料は？　って。もちろん、一発で快諾とはいかないだろうな」

修正文 2

件名：スマホ撮影研修の講師ご依頼の件

宮本太一先生

はじめてご連絡させていただきます。
私、株式会社カキネットの北川桃果と申します。

宮本先生に研修の講師をお願いしたく、ご連絡させていただきました。

弊社は、総勢42名のスタッフで、
東京23区の飲食店に特化したWEB制作を行なっております。
毎年100店舗以上のホームページを制作しております。

先日、宮本様のご著書を拝見し、深い感銘を受けました。
スマホ1台で、あそこまでオシャレな食事写真が撮れるとは……驚きました。

つきましては、フード撮影の第一人者である宮本先生から
スマホで撮影するフード写真の極意を伝授いただけないかと、
たいへん不躾ながら、ご連絡させていただいた次第です。

研修予定時期は8月〜9月。研修時間は朝10時〜16時（5時間）。
薄謝で申し訳ございませんが、講師料は10万円でお願いできれば幸いです。

よろしくお願いいたします。

「わー、わー、わー、わかった！ みなまで言うな！ いますぐ直す！」

「おりゃああ、これでどうだ！」

「やさぐれすぎだろ。やけっぱちのギャンブラーか」

「私の辞書に『負け』という文字はないの。で、どうなの？」

「……〈修正した箇所を確認してから、その視線をモモに移して〉モモの勝ちだ」

「やったー。私って負けない女だよね～。モジャ先輩の負け！」

「オレ、関係ねーし！」

仕事で書く文章は、人気作家のエッセイやコラムとは違います。

人気作家であれば「興味を引く導入↓展開↓結論」のような書き方も有効ですが、仕事の文章でその書き方をすると、「で、結局、何が言いたいの？」と読む人をヤキモキさせかねません。

したがって、仕事で書く文章では、はじめに結論を書きましょう。

とくに「結論↓理由↓具体例（詳細）↓まとめ」の順で書くと、読む人に理解されやすくなります。

この流れはひとつのテンプレート（結論優先型）です。

先ほどの依頼文も、結論優先型のテンプレートを踏襲した流れになっています。

①結論：宮本先生に講師を依頼
②理由：宮本先生がフード撮影の大一人者だから
③具体例（詳細）：研修予定時期や時間、講師料について
④まとめ：宮本先生に検討を促す

「せっかくだから結論優先型のほかに、もうひとつ使い勝手のいいテンプレートを教えよう」

「テンプレート、好き！　楽ちんだから」

「モモはたしかロックが好きだったよな？」

「私、お酒はさほど飲まないけど」

「そっちじゃなくて、音楽のほうのロック」

「好き！　毎年、野外フェスとか行くもん」

「よし。じゃあ、野外フェスの魅力をオレに教えて。ちょっと口で言ってみな」

「野外フェスの魅力？　えっと、何と言っても最高なのが屋外の開放感！　太陽の光も、風も、雨でさえ最高よ。自然を感じながらロックを聴けるシチュエーショ

ンなんてそうないから。それから、フェスの場合、複数のステージが設けられていることが多いので、好きなアーティストのライブが自由に観られるの。気ままにステージ間を移動して。いいと思わない？」

「ほうほう。〈目とジェスチャーで『話を続けて』とモモに促す〉」

「あと忘れちゃいけないのが出店よ！　けっこうおいしいものがあるの。各地のB級グルメとか。そういえば私、フェスでは食べまくってるかも。そうそう、参加者同士のつながりが深くなるのも、フェスの魅力かなあ。隣りにいる人とかとすぐに仲よくなっちゃうもん」

「よし、そのへんでいいだろう。しかし、楽しそうに話すなあ」

「だって好きだもの。〈あれ、何でモジャ先輩、私がロック好きなこと知ってるんだ？〉」

「テンプレートとは関係ないけど、文章が書けないときは、まずは口に出してみることもひとつの方法なんだ」

「いちど話してみると、書きやすくなるってこと？」

「そういうこと。逆に、口で説明できないことは、どうがんばっても文章にできないんだ。『話す』も『書く』も、頭のなかにある『ぼんやりとした情報』をアウトプットする作業という意味では同じだから」

「たしかに〜。いきなり野外フェスの魅力を書けと言われても固まっちゃうけど、いまみたいに、いちど話してみると頭のなかが整理されていいわ。で、野外フェスの魅力とテンプレートの関係は何なの？」

佐々木はノートを開いて、先ほどのモモの話を文章に起こしました。

野外フェスの魅力は次の４つです。　全体像
１：開放感（太陽、風、雨など、自然を感じながらロックを楽しめる）　列挙1
２：好きなアーティストのライブが自由に観られる
（ステージ間の行き来が自由）　列挙2
３：出店で食べるおいしい食べ物（各地のB級グルメなど）　列挙3
４：参加者同士の深いつながり（誰とでもすぐに仲よくなれる）　列挙4
以上、あなたもいちど野外フェスに行ってみませんか？　まとめ

「おー、わかりやすい。ってかズルい！　私が話したことをうまいことまとめ

ちゃって」

「それだよ、それ。いちど話せたわけだから、あとは話したことをわかりやすくまとめて書けばいいのさ」

「なるほど。で、これが箇条書きふうのやつがテンプレートってこと?」

「うん。列挙型のテンプレートだ。並列関係にある複数の情報を並べるときに重宝するんだ」

通常、列挙型は「①全体像→②列挙1→③列挙2→④列挙3→⑤まとめ」の順に流れていきます。

冒頭の「全体像」で「話のテーマと列挙する数を示す」のがポイントです。

列挙する数が多すぎると、読む人にストレスがかかります。多くても7つまでに抑えましょう。

「列挙型のポイントは冒頭だ。文のアタマで『魅力は次の4つです』と書いただろ? はじめに全体像を見せてあげると、受け入れる心構えができて、そのあとの内容が頭に入りやすくなるんだ」

「あらかじめゴール地点を見せてあげるわけね」

「ゴールの見えない話をされると、まったく頭に入らなくなることもあるから注意しないと」

「たしかに！　でも、それって話し方も同じじゃない？」

「ビンゴ！」

「いやいや、ないわ。ビンゴはない。ダサすぎでしょ」

「昭和なモモに言われたくねーよ！」

「〈佐々木の言葉を無視して〉ということは、さっきの私みたいに、野外フェスの魅力を思いつくままに伝えるのは、あまりよろしくないとか」

「だな。とくに文章の場合は、話と違って、じっくり整理する時間があるわけだから。思い浮かんだことを好き勝手に書くんじゃなくて、いったん整理して伝えたほうが親切だよ」

「わかった。肝に銘じておくね、ビンゴくん」

「げっ、その呼び方だけは勘弁してくれ！」

次の原文Bは、列挙の型を使わずに書いた文章です。

仕事でメールを使うメリットのひとつが「文面が残る」です。文面が残っていれば「言った・言わない」の情報伝達ミスを防ぐことができます。また、メールであれば、自分が好きなタイミングで送ることもできますし、相手は好きな時間に読むこともできます。そのほかにも、いちどに多くの人に送ることもできます。これらもメールを活用するメリットと言えるでしょう。仕事の効率と生産性を高めるうえで、メールを活用しない手はありません。

原文B

仕事でメールを使う主なメリットは次の3つです。

①文面が残る（「言った・言わない」ので、情報伝達ミスを防げる）。
②双方のタイミングで送る（読む）ことができる。
③いちどに多くの人に送ることができる。

仕事の効率と生産性を高めるうえで、メールを活用しない手はありません。

原文Bの修正文

短い文章なので、意味は理解できます。しかし、列挙の型を使った修正文のほうが、断然頭に入ってきやすく、理解もしやすいです。

「わー、これって、文章だけじゃなくて、営業トークやプレゼンにも使えるよね？ たとえば、クライアントに対して『御社でホームページを作るメリットはおもに3つあります』とか言えばいいんでしょ？」

「そう。オレもよく使ってるよ。ただし、話で使うときには、列挙する数は多くても5つまでに抑えたほうがいいかな。理想は3つだけど」

「どうして少なめにするの？」

「会話の場合、列挙する数が多くなるほど記憶しにくくなるからだよ。文章は読み返せるからいいけど」

「そっか。優しさ大作戦ね」

「まあ、そんなところだ」

「とくに列挙するポイントがないときは使えない型なんだね」

「そんなことはない。情報をわかりやすく伝えるために、あえてポイントを作り出しちゃえばいいんだ。たとえば、『モモの弱点は3つあります』とか先に言っちゃうわけ。そうすると、人間の賢い脳が、ちゃんと『モモの3つの弱点』を探し出してくれるから。あとは『ひとつめは～、2つ目は～、3つ目は～』と続ければOK」

「コラっ！　どさくさにまぎれて何ぬかしとんじゃい！」

「怒るなよ。軽く両手以上ある弱点を3つにまとめてやろうって言ってんだから」

「モジャ先輩！　絶対に許さないからな！」

このあと佐々木は、「せっかくだから、さっきの依頼文にも列挙型を応用してみるか。最後の『依頼内容』のところが、ごちゃごちゃしすぎているから……」と、パソコンを手にして、ササササっと修正を加えました。

修正文3

件名：スマホ撮影の研修の講師ご依頼の件

宮本太一先生

はじめてご連絡させていただきます。
私は、株式会社カキネットの北川桃果と申します。

宮本先生に研修の講師をお願いしたく、ご連絡させていただきました。

弊社は、総勢42名のスタッフで、
東京23区の飲食店に特化したWEB制作を行なっております。
毎年100店舗以上のホームページを制作しております。

先日、宮本様のご著書を拝見し、深い感銘を受けました。
スマホ1台で、あそこまでオシャレな食事写真が撮れるとは……驚きました。

つきましては、フード撮影の第一人者である宮本先生から
スマホで撮影するフード写真の極意を伝授いただけないかと、
たいへん不躾ながら、ご連絡させていただいた次第です。

【ご依頼内容】
研修テーマ：料理をおいしそうに撮るスマホカメラ術
研修予定時期：8月か9月の平日
研修時間：10時〜16時（5時間）
講師料：10万円（薄謝で申し訳ございません）

よろしくお願いいたします。

「モジャくん、あなたって気がきく人だよねー。こっちのほうが断然わかりやすいんですけど！」

「ついでに研修のテーマも入れてみた」

「うん。いい感じ。ついに完成ね！」

「よろしくお願いいたします」に頼らない！

「よし最後のアドバイスに移るぞ」

「まだあるの？」

「最後の『よろしくお願いいたします』が気に入らない。何をお願いしているの？」

「あっ、そういうことか。じゃあ『ご検討のほどよろしくお願いいたします』とかでいい？」

「そうだよな。そう書いたほうがいい。で、オレなら、その前にもう一文つけるな。

こんな感じ」

> ご不明点やご質問などあれば、遠慮なくご連絡ください。
>
> ご検討いただけますよう、よろしくお願いいたします。
>
> 修正文 4

「モジャ先輩、やるねー。やっぱ気がきくわ」

「この一文がなぜ重要かわかる？」

「なぜって、質問しやすくなるからじゃないの？」

「それもそうなんだけど、この一文があると、こっちの誠実さや気遣いが伝わらない？」

「たしかに〜、ホスピタリティを感じる。オ・モ・テ・ナ・シ！」

「古いよ、その流行語ネタ」

「自己重要感と同じように、ここでも相手の感情を大切にしているのね」

「うん。単純なことだけど『このメールを送ってきた人は気持ちのいい人だな』と思ってもらったほうが、仕事を受けてくれる確率は高まるだろ？」

「だよね〜。面識のない人から『何か失礼！』と感じるメールが送られてくるケースって意外と多いかも。いちど悪い印象がつくと、そのあと挽回するのが大変なのにさ」

「同感だ。すごくもったいないことをしているのに、本人は相手の心証を害したことにさえ気づいていないんだよな。ある意味、悲劇だよ」

「あと、会っているときはいい人なのに、メールになると、とたんに冷たく感じられる人もいない？　そういう人も、書き方で損している気がする」

「まったくだな。『およそ人を扱う場合には、相手を論理の動物だと思ってはならない。相手は感情の動物であり、しかも偏見に満ち、自尊心と虚栄心によって行動するということをよく心得ておかねばならない』。名著『人を動かす』のなかでデール・カーネギーもそう言ってるよ」

「デーブ・スペクターがそんなことを……」

「スペクターじゃねーよ。デーブでもないし」

「似たようなものでしょ。でも、いまのが的確な言葉だということは認めるわ。それにしても、ホントいい依頼文になったなあ。モジャ先輩、本当にありがとう！〈腹の底からわいてくるこの感謝は何だろう？〉」

「げげっ、1時間も経っちまったよ！」

「まあ、いいじゃん。かわいい後輩をサポートできたんだから！」

CHAPTER 04の ポイント解説

①メールの件名は、メールの内容を簡潔に要約したものにする。

②ひとつの言葉にかかる修飾語が複数あるときは次の原則に従う。

・原則1：長い修飾語は先、短い修飾語はあと

・原則2：包括情報は先、詳細情報はあと

③②の原則にあてはめる以外にも、言いまわしを変える、一文を短くするなどして、読みやすくなるよう工夫する。

④依頼文など人を動かす文章を書くときには、その人の「自己重要感」が高まることを書く。

⑤依頼文の場合、依頼する内容を具体的に書く（報連相なども同じ）。

⑥ビジネス文章では冒頭で結論を書く。

⑦状況に応じてテンプレートを活用する。

・結論優先型：結論↓理由↓具体例（詳細）↓まとめ

・列挙型：全貌↓列挙1↓列挙2↓列挙3↓列挙4

⑧「よろしくお願いいたします」に頼らずに、その内容を具体的に書く。

⑨メールを書くときには、誠実さや、相手に対する気遣いを示す。

CHAPTER

05

読者ターゲット設定とニーズの把握がすべて

▶クライアントへの提案書編

私は毎日
近くのカフェでオシャレなランチ……♥
OLって……そんなイメージだったけど
現実なんてカップラーメン《こんなもん》だよね……
あーぁ…たまにはゆったりランチ楽しみたいなぁ
はあ
その願いかなえてやろう
本当!?

もろぉ
なんだ…モジャ先輩じゃん
なんだとはなんだ!?
いい態度だな…人がせっかくランチに連れてってやろうとしてるのに
はいはい…どうせ牛丼とかでしょ?
先月オープンしたカフェレストランがあるだろ?
ピクッ
えっ…意外!モジャ先輩そんなところチェックしてるんだ
まあな
ははぁーん…さては……

おしゃれなカフェに男ひとりで入りづらいからって私を誘ったんでしょ！
いや……そういうワケじゃ…
もぉーめんどくさいなぁ でも…しょーがないから つき合ってあげる！
わーーっ！
おいしそうなメニューばっかり迷うなぁー♥
いるいる…決められないヤツ
menu
Rice
Meat
Fish

これも いいなあ…
あっ! こっちも
……はっ もしかして!
?
この一連の流れもビジネス文章の修行の一環なんじゃ…!?
勘ぐりすぎだ
えぇー? ホントにぃー?
まぁ……ってよりは…
これは…その……
この前のだし巻き卵のお礼だ
お礼にお礼してたら無限ループじゃん
…たしかに

読む人は誰？

モモと佐々木は、先月できたばかりのカフェレストランにやって来ました。コンクリートの打ちっぱなしにウッディな調度品を交えたおしゃれなインテリアは、なんとなくデート向きでしょうか。

モモは店内に入るなり「わー、すてき」と声に出しました。午前11時半。まだあまりお客さんはいません。

「で、その後どう？　書くことが少しは苦じゃなくなってきた？」

「おかげさまでコツが少しわかってきた。とくに『具体的に書く』という意識が芽生えたのは大収穫。まあ、胸を張って〝得意〟と言えるレベルには、ほど遠いけど」

「焦る必要はないよ。意識して書き続けることが大事だから」

「まだ文章ごとのムラが大きくて。モジャ先輩に教えてもらった『目的を達成する文章』も書けているんだか書けていないんだか……。ゴッチには『これからはクライアントに向けたレターも書いてもらうから』って言われてるんだけど……自信ないなあ」

「そりゃまた大役だな」

「そもそもこのビジネスレターの目的って、うちのサービスへの申し込みとかでしょ？　すごくハードル高いんですけど」

「それだけ後藤チーフもモモに期待してるんだよ」

「そうかなー。面倒な仕事を押しつけられているだけのような……」

「せっかくだから『目的を達成する文章』を書くための秘訣をもう少し教えようか？」

そのとき、「失礼いたします」と店員が料理を運んできました。

佐々木はオーガニック素材を使ったガパオライス風ワンプレートランチ、モモはトマトとモッツァレラの冷製パスタを選びました。

「わー、パスタ、超おいしそう！　そっちのガパオライス風もいいね～。そっちはそっちで正解か！　あっ、いま何か言った？」

「まさか聞いてなかったのかよ！　そのパスタ食っちゃうぞ」

「えっ？　パンスト？　食べちゃう？　きゃー、セクハラ！」

「言ってねえから。頼むから、声のトーンを落としてくれ。ほら、あそこの人が変態を見る目でオレを見てるじゃないかよ！」

「ははは一。慌てちゃってかわいいんだから。ちゃんと聞いてたわよ。目的を達成するための秘訣でしょ？」

「おちょくりやがって。〈しかも下ネタかよ！〉じゃあ、はじめに質問するぞ。モモがオレをデートに誘うとするだろ？」

「何だそりゃ。誘わないから！〈あれ、何か一瞬ドキッとした！〉」

「たとえ話だよ！　どうしてたとえ話をしただけで、本気で嫌がられないといけないんだよ！　たとえ損じゃねーか！」

「くくく、そんなに怒らなくてもいいじゃん」

「……まあな。で、オレにOKをもらうためにはどうすればいい？」

「えっと……そんなことわかんないよ！　モジャ先輩のことなんてよく知らない

し」

「おっ、正解だ」

「正解？　何これ、トンチを試す禅問答か何か？」

「違うよ。相手のことを知らなければ、心に響くオファーはできないってこと。
自分が知らない相手にラブレターを書くことはできるか？」

「それウケる！　そんなことモジャ先輩だってできないでしょ？」

佐々木は、文章を書く前に押さえておくべきポイントを話しはじめました。

①読者ターゲット（読む人）が「誰なのか」を明確にすること
②その人について十分に知っていること

これは、クライアント宛てのレターはもちろん、あらゆる文章作成に通じるポイントです。しかしながら、世の中の大半の人が、読む人のことを「よく知らずに」文章を書いています。

そもそも「誰が読むのか」が、まったく見えていない人もいます。

「そっか。レターを出すことに不安を感じてたのは、よく知らない相手に文章を書くことに抵抗感があったのかも」

「その可能性が大だな」

「相手のことがよくわかっていれば、もっと書きたいっていう気持ちがわいてくるかな？」

「おそらくな。オレも、モモから『おいしいパンケーキ屋さんに行かない？』と言われても行く気にならないけど、『おいしいお寿司と日本酒が味わえるお店に行かない？』と言われたら行くかもしれない」

「わっ、何それ？　私の誘いを断るなんてありえない！」

「だから、たとえ話だっつうの！」

「でもまあ、その感じわかるかも。私も自分の興味がない映画やミュージカルに誘われても、テンションは上がらないからなあ」

「だろ？　目の前に相手はいないけれど、文章はまぎれもなくコミュニケーションなんだ。にもかかわらず、世の中の大半の人が、そのコミュニケーションをなおざりにしているんだ」

「だから結果が出ない、と」

「文章を書いてスマートに目的を達成している人たちは、総じて読む人とのコミュニケーションを常に意識しているよ。読む人のニーズを把握して、そのニーズを満たすことに注力してるんだ」

「ニーズ」とは、簡単に言うと「その人が必要としていること」です。

クライアントへの営業レターであれば、そのクライアントが「何を必要としているか」を把握しておくことで、その人に響く文面になります。

では、「クライアンが必要としていること」とは何でしょう？

具体的には、たとえば次のようなことです。

- クライアントがお金を払ってでも知りたいと思っていること
- クライアントの課題や悩みに対する解決策
- クライントの経営に役立つ情報
- 教えてあげるとクライアントが喜ぶ情報

「どんなニーズがあるか？」と考えても、なかなか答えは出ません。

一方、「クライアントは何を知りたがっているか？」「どうすれば彼らの悩みを解消へと導けるか？」「教えてあげると彼らが喜ぶ情報は何か？」というように具体的に考えることで、答えを引き出しやすくなります。

「質問を具体的にするといいのか。なるほどなあ。でも具体的な質問に答えるのって大変じゃない？　人それぞれ考えていることやほしい情報は違うわけだし」

「そのとおり。そもそも頭で考えた答えってアテにならないしな。自分では『そうだろう』と思っていても、『そうじゃない』ケースも少なくない」

「むずかしいなあ！　じゃあ、読む人のニーズってどうやってつかめばいいの？」

「理想は、その人と実際に話をすることだ。仮に読む人がクライアントなら、ふだん彼らとどれだけ会話をしているかが重要。何気ない雑談から見えてくることもよくあるから」

「現場で収集した生の情報が、文章を書くときに活きるわけか」

佐々木はモモにクライアント別のニーズと、そのニーズに応えるレターの書き方を伝えました。

・クライアントA：いつもアクセス数と利益率を気にしている
→アクセス数や利益率に関するデータをレターに書く
・クライアントB：ホームページの管理やブログ運営に人員が割けない……と悩んでいる
→限られた人数で管理や運営ができるノウハウをレターに書く
・クライアントC：動画マーケティングに興味を持っている
→YouTubeやライブ動画の活用法をレターに書く
・クライアントD：ホームページをリニューアルしようか迷っている
→ホームページをリニューアルするメリットとデメリットをレターに書く

「うわー、そこまで相手を喜ばすことを考えてるんだ。モジャ先輩ってエグいなあ。
〈ここまで徹底しているとは……逆にカッコいいかも〉」

「営業で抜群の成果を出している人も、常にお客様のニーズを考えて動いているし、彼らのニーズを満たす形でレターを書いているよ。結果を出したければ、何はともあれ相手のニーズに応えるべし」

「おお！　応えるべし！　私もデキる営業マンみたいになる！」

読む人の反応は書き手が決める！

「読む人のことを考えて書く文章のことを、オレは『読み手本位の文章』って呼んでいるんだ」

「読み手本位？　じゃあ、読む人のことを考えない文章は『書き手本位の文章』ってこと？」

「そう。世の中の9割以上が書き手本位の文章、つまり、書きたいことを書きたいように書いているんだ」

「わーっ、耳が痛すぎるんですけど」

「読み手本位の文章を書くための秘策を教えようか」

「さすがモジャ先輩！　私のニーズを心得ている！」

「ここ最近、モモとはよく話をしているからな」

「私のニーズがつかめてきた、と。〈あれ？　何だかちょっとうれしいかも……〉」

「文章を書くときには必ず『読む人の反応』を決めろ」

「えっ？　決めるって……どうやって？　読む人の気持ちなんてコントロールできないよ」

「その考えをあらためるんだ。読む人に好き勝手に反応させているうちは二流止まりだ。一流のシェフが、料理を食べたときの反応を『お客さん任せ』にしていると思うか？」

「うーん、たぶん、お客さんがおいしそうに食べる姿をイメージしてるような……。えっ、それが反応を決めているってこと？」

「そういうこと。もっと言えば、こだわりのシェフなら『うわっ、こんなおいしい料理はじめてかも！　この店に定期的に通いたい！』くらいの反応を意識しているはずだよ。理想的な反応を偶然で得られることはほぼ不可能だから。お客さんの反応というのは、つまりは目標設定だ」

「そういうことか。私は目標を立てるのが苦手だから、何でもかんでも成り行き任せ。だから結果が伴わないのかもしれないなあ」

「『読む人にしてほしい理想の状態』を頭に思い描くんだ。できるだけリアルに、

読む人の反応を決めていない

世の中の9割以上が「書き手本位」

＝

相手に響かない！

読む人の反応を決めている

「読み手本位」の文章

＝

相手に響く！

映像として見えるくらいの臨場感を持てるとベストだ。目標設定で遠慮すると、遠慮したなりの反応しか得られないから注意しないと」

「わかった。自分がしてもらいたい最高の反応を決める！」

「クライアント宛てのレターなら、どういう反応がベストだと思う？」

「えーっと、クライアントがレターを読んだ瞬間に『カキネットのレターは親切だなあ』とか、『なるほど、この件でカキネットに相談しよう』とか、『いますぐカキネットに連絡しなきゃ！』とか……そういう感じかな？」

「バッチリだ！」

文章のレベル感を決める

話に夢中になっているうちに、2人は食事を食べ終わっていました。

テーブルにコーヒーとデザートのチョコレートケーキが置かれると、「キャっ、か

わいいー」とモモが声を上げました。
そんなモモを見て、佐々木は〈無邪気なやっちゃ〉と少しうらやましく思いました。

「ほかにも書く前に気をつけておくポイントはあるかなあ？」

「あるよ。ひとつはレベル感」

「バベルの塔？」

「違う。てか、いちいちボケなくていいから」

「はーい。レベル感って……難易度ってこと？」

「そうだ。たとえば、お客様宛てに書く文章。オレたち書き手側はその道のスペシャリストだから、つい専門用語を使っちゃうんだけど、それが読み手に理解されていないことが意外に多いんだ」

「ああ、それってクライントに対してよくやっちゃってるかも。『ソーシャルボタンって何ですか？』とか『ＳＥＯの内部対策って何ですか？』とか真顔で訊かれることがあるから」

「対面だと聞いてくれるからありがたいよな」

「そっか。文章だと、その場で訊くことができないもんね」

「そう、だから『わからない』と思われたらそのままスルーされるだけ。多くの人がそこで読むのをやめちゃうか、あるいは『むずかしいからこの人（会社）はもういいや』と見切りをつける。ダイレクトメールやビジネスレターなら、そのままビリビリと破られてゴミ箱行きだ」

「わー、さむさむ！　誰かクーラー止めて！　読む人の知識レベルや読解レベルをよく見極めないと、ザンネンな結末を迎えかねないわけね」

亡き作家の井上ひさしさんが、生前にこのような言葉を残しています。

「むずかしいことをやさしく、やさしいことをふかく、ふかいことをおもしろく、おもしろいことをまじめに、まじめなことをゆかいに、そしてゆかいなことはあくまでゆかいに」

私たちが文章を書くときにまず意識すべきは、冒頭の「むずかしいことをやさしく」ではないでしょうか。

キャッチボールにたとえると、「やさしいボール」とは、相手が取りやすいボールのことで、「むずかしいボール」とは、大きくそれる暴投のことです。

これは文章でも同じです。相手（読む人）が受け取りやすい〝やさしいボール〟を投げてあげることが大切なのです。

文章の硬軟を決める

「文体についても少し話そうか。文体には大きく『硬い文体』と『柔らかい文体』があるんだ」

「契約書やお役所関係の文章なんかが硬い文章の代表例？」

「そのとおり。硬い文体の特徴と言えば『きまじめさ』や『几帳面さ』かな。ほとんどの場合、体裁と情報の正確性にこだわったものだ。だから、おもしろみはまったくない。たとえば、『保護者が昼間に居宅内で当該児童と離れて日常の家事以外の労働をすることを常態としている』みたいなやつね」

「ああ、頭痛くなる～。読みたくないわ」

「だよな。『遺漏なきよう留意願いたい』なんていう言葉も、『適切に処理してください』と言い換えたほうがいいだろ？」

「おおっ、言葉を変えるだけでグッと伝わりやすくなった」

「まあ、大事なのは、その文章を書く目的や、読者ターゲットなどに応じて、文章の硬軟を使い分けることなんだけどね」

「なるほどね。お硬い文章も嫌だけど、あまりに砕けすぎた軽々しい文章もカチンとくるときがあるよね」

「そうそう。大事なのはＴＰＯ※だから」

「なるほど～。文章を書くときにＴＰＯって考えたことなかったかも」

「さっき言っただろ。文章も会話もコミュニケーションだって」

「モジャえもんったら、やるなあ。勉強になるわ！」

「ドラえもん、みたいに言うんじゃないよ」

※ TPOとはTime（時間）、Place（場所）、Occasion（場合）の頭文字を取った和製英語で、「時、場所、場合に応じた方法や態度、服装などの使い分け」を意味する

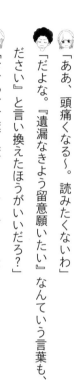

漢字とひらがなのバランスは？

「ちなみに、理想的な漢字とひらがなのバランスってある？」

「一般的なビジネス文書だと、漢字とひらがなのバランスは7：3がベター。漢字が多すぎると堅苦しいし、少なすぎると稚拙《ちせつ》な印象になるから注意したほうがいい」

「私は漢字が多い文章が苦手だなあ」

「それは現代の潮流でもあるんだ。とくにいまの若い人たちは、漢字が多い〝黒っぽい文章〟を嫌うから」

「黒っぽい？　あっ、たしかに漢字だらけの文章って黒っぽく見えるかも！　じゃあ、ひらがなが多いのは〝白っぽい文章〟ね」

「漢字とひらがなの配分以外にも、改行が少ない文章や、空白の行がまったくない文章も〝黒っぽい文章〟かな。20年前の本といまの本を見比べてみると違いが

よくわかるよ」

「たしかに！　昔の本って文字は小さいわ、漢字は多いわ、余白は少ないわで読む気になれない」

「いい悪いはともかく、読まれる文章を書きたいなら、時代のトレンドは押さえておいたほうがいいよ」

原文

滅多に無い機会ですので、色々とお話を伺いたいです。

修正文

めったにない機会ですので、いろいろとお話をうかがいたいです。

パソコンやスマホでテキストを打つと、漢字変換が簡単にできてしまいます。それゆえ、あまり深く考えずに文字選択をしている人が少なくありません。

しかし、「読まれる or 読まれない」の差が生まれるポイントである以上、漢字とひらがなのどちらを使うかは、よく検討する必要があります。

あくまでも傾向としてですが、名詞や動詞

折角お越し頂きましたが、例の眼鏡は生憎売り切れてしまいました。

原文

せっかくお越しいただきましたが、例のメガネはあいにく売り切れてしまいました。

修正文

には「漢字」、接続詞や補助動詞、副詞、形式名詞などには「ひらがな」を使うと、見ためのバランスがよくなります。

また、「宛行う」→「あてがう」、「悉く」→「ことごとく」など、なじみのない漢字はひらがなで書いたり、「沽券（こけん）」→「プライド／体面／品位／評判」、「齟齬（そご）」→「食い違い／行き違い」とむずかしい漢字表現をやさしく言い換えたりすることも大切です。

【漢字】面白い→【ひらがな】おもしろい
【漢字】優しい→【ひらがな】やさしい
【漢字】鞄　　→【ひらがな】かばん

このように、漢字とひらがなのどちらでもよさそうな言葉も多々あります。

TPO（とくに読者のレベル感）や、文章の種類・目的、前後に配置されている言葉とのつながりに応じて、漢字とひらがなのどちらを選ぶかを決めましょう。

締め切りを短めに設定する

「そうそう私、文章を書くのに時間がかかりすぎて困っているの。どうすれば速く書けるようになる？」

「いますぐできる簡単な方法があるよ」

「ホント？」

「締め切りを短めに設定することだ。人は怠け者だから、時間があるとその時間をめいっぱい使おうとする。そうすると、馬力が出にくくなるんだ」

「あははは－、何だか夏休みの宿題みたい。でも、たしかに余裕があるときほど時間がかかっている気がする。あれは怠け癖だったのか。私も追い込まれないと動かない派だからなあ」

「まずは時間を2割ほど短めに設定してみるといいよ。仮に30分で書けそうだと思ったら、20分とか25分で書く、と決めるんだ」

「すると馬力が出るわけね。私なんて、がんばれば30分で書けるものでも『まだ1時間あるからラッキー』みたいな感じで取り組むからなあ」

「そして、ちょうど1時間後に書き終えるんだろ？」

「何でわかるの？ 〈何もかもお見とおしかよ！〉」

「さっき言ったろ。人は制限時間をいっぱいに使うものなんだ。速く書けるようになりたいなら、時間に負荷をかけないと。これは文章に限らず、仕事全般に言えることだけどな。みんな朝から『今日は残業1時間くらいかな？』なんて考えているから、そのとおりに残業するんだよ」

「あははは、望みどおりってわけね。〈何てバカバカしいんだろう！〉そう言えば、モジャ先輩ってあまり残業しないよね？」

「うん、ほとんどしない」

「でも仕事でガンガンに成果をあげてるよね？ 何で？ ドーピングでもしてるの？」

「してねーわ！　それはオレが定時よりも1時間前倒しで締め切りを設定しているからだよ。時間に負荷をかけて仕事の効率と生産性を高めているんだ」

「へえー、すごい！　定時が18時なのに、17時に終わらせようと思って仕事してるんだ？」

「そう。だって、夜は自分の時間に使いたいじゃない。締め切りを短めに設定して仕事をすると、仕事のスピードは上がるし、自由に使える自分の時間は増えるし、睡眠時間も増える。一石二鳥どころか、何鳥もあるよ」

「モジャ先輩って、顔に似合わず仕事ができる人だと思ってたけど、そもそものマインドと行動力が人とは違うんだね」

「顔に似合わず、ってのが余計だよ。ホメられてるんだか、ディスられてるんだかわからないよ」

「どっちもだから」

「どっちもなんかい！」

気がつけば、時計の針が13時を指そうとしていました。佐々木の「やべっ、もう13時だぞ！」の声をきっかけにモモは慌ただしく席を立ちました。

モモがハッと思ったのは、その直後でした。佐々木が無言で2人分の会計をさっと済ませたのです。モモが自分の分を払おうとすると「いいから」とひと言。

そのスマートな所作を見て、モモは「あれっ!?」と思ったのです。その「あれっ!?」の意味は、まだ本人はよくわかっていないようですが。

CHAPTER 05の
ポイント解説

①読者ターゲット（読む人）を明確にする。
②読者ターゲット（読む人）について知る（ニーズを把握する）。
③読者ターゲット（読む人）のニーズに応じた文章を書く。
④「読み手本位」の文章を書く。
⑤読者の反応は書き手が決める。
⑥ＴＰＯを考えて文章のレベル感（難易度）を決める。
⑦読者が受け取りやすい〝やさしい文章〟を心がける。
⑧ＴＰＯを考えて文章の硬軟を決める。
⑨〝黒っぽい文章〟よりも〝白っぽい文章〟を意識する。
⑩漢字とひらがなのバランスは７：３がベター。
⑪ＴＰＯを見極めて文章を書く。
⑫速く書きたいときは、締め切りを短めに設定する。

CHAPTER

06

400文字の文章は、ワンメッセージに絞る

▶エントリーシート編

♪
はいはい
姉ちゃん助けて!!
タク どうしたの!? まさかお母さんが倒れたとか!?
違うよ!
メール見てないの!?
メール?
就活用のES《エントリーシート》がうまく書けなくてさ 姉ちゃんに添削してもらいたいんだ

あ〜〜〜…
お願いいいい
さすが私の弟…コイツも文章苦手なのね…
あのねぇ……私だって忙しいのこんなの自分でやりなさいよ
自分でやってみてもどうにもならないから頼んでるんじゃん！
社会人になったらもっと文章書く機会が増えるんだよ？
こんな初歩でつまずいてどうすんの！
うう……こんなところまで姉弟そっくり…
姉ちゃんが添削してくれなきゃ…俺その社会人にすらなれないかもじゃん
北川《きたがわ》 拓海《たくみ》
（モモの弟）

いいの…？
俺が就職できずに
ニートになっても
へへ…
親のお金で
スマホゲームに課金
し続けるような
ダメ人間になっても
もう…！
しょうがないな
さすが姉ちゃん
よろしくねー！
パッ
…まいった
なぁ……
自分の仕事の
文章作成でさえ
四苦八苦
してるのに
ぷしゅ
弟とはいえ
ヒト様の文章を
添削なんて…
カタ
カタ…

…しかし…
あの小さかったタクがもう就職活動かぁ……
おねえちゃ〜ん
よし！
かわいい弟のため…ひと肌脱ぎますか！
ぐぬぬ……さすが我が弟なかなか残念な文章だわ
学に通っていた３年間は
書店員、コンビニ店員、学
な業種のアルバイトを経
みを学び、コミュ力や指
磨きをかけてきました。と
気がするのが書店で行って
書店には毎日びっくりする
…でも大丈夫！
グッ
姉ちゃん（の会社の人）がなんとかするからね！
俺かよっ

エントリーシートの400文字は、ワンメッセージに絞る

「ふー、今日は早く帰れそうだ！」と、モモがひとり言を言いながら会社のエントランスへ行くと、お客様用のソファーに佐々木が座っていました。その瞬間、モモは急にあることを思い出しました。

「あっ、いいところにいた！」

「あっ、モモ。悪いけど、いまクライアントを待っているところだから」

「じゃあ、なおさらよかった。暇つぶしになるよ」

「人の話、ちゃんと聞いてるのか？」

「えっと、担当直入に言うと、私の弟が書いた文章を添削してもらいたいの。就活用のエントリーシート（ES）なんだけど。昨日頼まれちゃって……」

大学に通っていた3年間はアルバイトに大忙しで、書店員、コンビニ店員、学習塾講師など、さまざまな業種のアルバイトを経験し、社会や経済の仕組みを学び、コミュニケーション力や指導力、決断力、実行力に磨きをかけてきました。とくに自分に合っていた気がするのが書店で行なっていたアルバイトです。書店には毎日びっくりするほどものすごい量の新刊が入ってきます。しかし、そこが書店員としての腕の見せどころというもので、どの本がお客さんに売れそうで、どの本がお客さんに売れなさそうかを判断して、陳列していくのです。自分が売れるだろうと思って並べた本の売れ行きがいいときは、とてもうれしかったです。書店というリアルな販売と消費の現場で経済の流れを理解できたことは、今後の社会生活において役立つ気がしています。もちろん、家庭教師やコンビニのアルバイトも自分が生きていくうえでの糧になったと思います。学業とアルバイトの両立を図ることができたのはとてもよかったです。

原文

「モモの弟……って、オレはおまえのファミリー担当か！」

「うん、そんなようなもの。だからこれ見て」

モモはカバンからエントリーシートを取り出すと、強引に佐々木に渡しました。それをうっかり受け取ってしまった佐々木は、堪忍したかのような表情をしています。

「やれやれ。何？『学生時代に力を入れたこと』ね……」

「ねーねー、どう？　悪くはないと思うんだけど、インパクトに欠ける気がするの。もっと強い言葉を使えばいいのかな？」

「企業の採用担当者ってのは、たくさんのエントリーシートに目をとおすわけだから、彼らの記憶に残るインパクトは必要だ」

「やっぱり、こういう文章でも、まずは読む人のことを考えるのね。モジャ先輩の頭がだんだん理解できるようになってきたかも」

「ようやくこのモジャモジャ頭のよさがわかってきたか」

「そっちじゃなくて、中身のほう」

「もちろん、インパクトはないよりあったほうがいい。でも、強い言葉を使うとか、そういう小手先のやり方だけじゃダメだ。もっと根本的なところを変えないと」

「香港的？」

「時間がないときにそういうのいらないから！　まず、この『学生時代に力を入れたこと』の制限字数は？」

「約４００文字って書いてあるわね」

「つまり原稿用紙１枚だろ。たかが原稿用紙１枚でそう多くのことは語れないよ。でも、弟くんは語ろうとしちゃってる」

「あれもこれも盛り込みすぎ、というわけ？」

「だって、書店員にコンビニ店員に塾講師だろ。それに、コミュニケーション力に指導力、決断力、実行力って、読む側としては、まったく印象に残らないよ。多くの学生が振り分けられる『いろいろがんばりましたで賞カテゴリー』にポイっと入れられて、はい、おしまい」

「たくさん経験を積むことは悪いことじゃないと思うけどなあ」

「そりゃ『アルバイトを50個やりました』くらい突き抜けていたら、そこがストロングポイントになることもあるけど、3つって、何の驚きもないじゃない」

「もっと絞って書いたほうがいいってこと？」

「そう。オレの経験上、400文字で伝えられるメッセージなんて、せいぜいひとつだよ。そのひとつにどれだけエネルギーを注げるかの勝負じゃないかな」

「なるへそ！」

「久しぶりだな、それ。そもそもエントリーシートは、限られた文字数でどれだけ自分を表現できるかの場だろ。〝その他大勢〟の仲間入りをするのが嫌なら、採用担当者に刺さる『400文字のワンメッセージ』を書かなきゃ」

「そういう意味では、『とくに自分に合っていたのが書店でのアルバイトです』と書いたのはOK？」

「ベストセラーの秘密がわかった！」
学生時代は、勉強のかたわら大型書店でアルバイトに打ち込みました。私の担当はビジネス書コーナーの管理と陳列です。毎日、熱心に本の売れ行きを見届けるうちに、ベストセラーの傾向がわかってきました。重要なのは本のタイトルです。ひと目見た瞬間に「〈誰〉の〈どんな悩み〉を解消する」のかがわかる本ほど売れるのです。逆に、売れない本は、「〈誰〉の〈どんな悩み〉を解消する」のかがタイトルで示されていません。これは大きな発見でした。タイトルの重要性に気づいてからは、私の判断で、売れそうな本を意識的に目立つ場所に陳列するようになりました。すると、ビジネス書コーナー全体の売り上げが伸びたのです。モノやサービスの売れ行きは、タイトル（ネーミング）次第で変化する――。書店という「消費の現場」で身につけたこの意識は、今後、自分が商品（サービス）を販売するときの武器になると確信しています。

修正文

「見た限り、可能性を感じるのはそこかな。その一点をガッツリ掘り下げてパーソナリティを伝えないと、なかなか印象に残るアピールはできないと思う」

佐々木は自分のカバンのなかからノートパソコンを取り出して、カタカタとキーボードを叩き出しました。

「ふー、オレはたまたま前職の絡みで書店のことも知っているから、弟くんの立場で妄想して書いてみた。完全に創作だけど、メッセージを絞ったのがわかる？」

佐々木が書いた文章に、モモが目をとおします。

「じぇじぇじぇ！」

「表現、古っ！」

「マジでこれスゴいんですけど！　伝わってくる！　自己アピールという域を超えて、何か大事なことを学ばせてもらった感じがする」

「――というような反応が、採用担当者からもらえたらよくない？」

「いい！　絶対にいい！　っていうか採用！　モジャ先輩採用！　うちの会社に採用！」

「すでに採用されてるわ！」

「そうよね……てへ！」

「……話をエントリーシートに戻そう」

「400文字でワンメッセージっていうのは、こういうことなのね」

「もちろん、志望する業種や職種、会社の社風によって何を書けばいいかは変わるから、この書き方がベストかはわからないよ。事務職や営業職、技術職など、職種によって求められる能力も違うだろうから」

「あ、うん。読者ターゲットが誰か、そのターゲットのニーズは何か、そこは考えなくちゃいけないもんね」

「ほー、だいぶわかってきたじゃない」

佐々木が絞ったポイントはいくつかあります。

・3つのアルバイト→ひとつのアルバイト（書店員）
・浅いエピソード→深いエピソード（ベストセラーの秘密）

いろいろ伝えたくなる気持ちはわかりますが、「たくさん書いたほうが伝わる」という考えは間違いです。

盛り込む情報が多すぎると、かえってそのひとつひとつが稀釈《きしゃく》されてしまいます。

書く本人も混乱して、文章が支離滅裂になる恐れもあります。

その点、情報を厳選すると、書きやすいうえ、読む人の印象に残りやすくなります。

「弟くんの文章に『自分が売れるだろうと思って並べた本の売れ行きがいいとき

は、とてもうれしいものです』とあるけれど、これなんかも、表層的な感想を述べただけで、たいしてアピールになっていないよね。すごくもったいないと思う」

「たしかに。ESは単なる作文じゃないもんね」

「採用担当者は、この学生が何をどう考えているか、うちの会社で何ができそうか、成長の伸びしろはあるか、そういうことを知りたいわけでしょ?」

「うん、そうだろうね」

「オレがさっき書いた文章は、経験をもとに自分なりの分析結果を書いたものだ。少し嫌らしい言い方をするなら、『私はこれこれこういう分析ができますよ』ってアピールしているわけ」

「すごーい。エントリーシートで自己表現するってそういうことよね」

「とにかく『採用担当者は何を知りたがっているんだろう?』と考えることが大事。オレが採用担当者なら学生の『考える力』を見たいと思うな」

「たしかに。『働く』って、結局『考えること』なのかな?」

「そう! この会社の誰かさんにも教えてあげたいところだな。〈モモの目をじっと見る〉」

「〈ニカッと笑って〉ホント! ゴッチにも言いたい! やべっ、声がデカかった!」

「ったく、楽観的でいいな。〈鈍感か!〉いずれにしても、『どう書くか』の前に『何を書いて、何を書かないか』の取捨選択をしっかり行なわないと。余計な情報を出さないことによって、輝くメッセージもあるから。そういうことも弟くんに伝えてあげたら?」

「まさに、目からウロコ!　うん、伝える!」

自分の言葉で書かれていると、読む人に刺さる

「『メッセージを絞る↓掘り下げて書く』で得られるメリットがもうひとつある」

「えーっと、何だろう?」

「文章が『自分の言葉』になるんだ」

「自分の言葉?　えっ、弟の文章は、私が代筆したわけじゃないけど」

「わかってるよ。自分の言葉じゃない文章というのは『手垢《てあか》のついた文章』とい

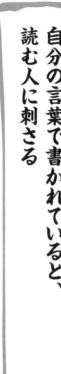

うか、『よそ行きの文章』というか、誰でもが言いそうな文章のことだよ」

「ああ。たしかに『コミュニケーション力や指導力、決断力、実行力に磨きをかけてきました』なんて、誰でも書こうと思えば書けるもんね」

「そう、『顔のない文章』だ。誰でも書けることを、文字数に限りのあるエントリーシートに書くのはもったいない」

「顔のない文章を読まされる採用担当者って……とてもつまらなそう」

「苦痛かもな。その点、メッセージを絞り込むと、おのずと自分の体験とか意見とか分析結果みたいなものを書かざるを得なくなる。そういう文章が読んでいておもしろいんだよ」

「体験や意見や分析結果……そっか、それこそが『自分の言葉』だ」

「自分の言葉ってのは『半径5メートルの出来事』とも言える。たとえば、『日本の景気がよくなってきた』という出来事を語ることは誰でもできるけど、『バイトの時給が急に100円上がった理由』について語ることは、その人しかできないだろ」

「切り口がおもしろい！　てか、読みたい！」

「自分が体験したことにこそ、宝物が眠っているんだ。本人以外は逆立ちしても書けないオリジナリティだから評価できるわけ」

「なるほど。大上段から世の中を斬るのではなく、自分の手の届く半径5メートルの出来事を書いていこう、と。もー、めっちゃいいこと聞いたわ。モジャックス！」

「何だそりゃ？」

「『モジャ先輩サンクス』の略よ。私が開発したオリジナルもの」

「キミだけは採用したくないわ」

「3×3のフレーム」を使って、ストロングポイントを棚卸しする

没個性な横並び志向ではなく、自分の言葉でオリジナリティを出す。
これが佐々木からモモの弟へのアドバイスでした。
わずか４００文字でその他大勢の学生との違いを打ち出し、なおかつ、読んだ人に好印象を残す方法が「メッセージの絞り込み」というわけです。

自分のストロングポイントは何か?

①続ける力	②よく笑う	③社交的
④軌道修正する力	**自分のストロングポイント**	⑤仮説を立てる力
⑥人を集める力	⑦自分に厳しい	⑧計算が得意

絞り込むポイントは、もちろん、自分が自信を持っているストロングポイントです。継続力に自信があれば継続力、交渉力が優れているなら交渉力。自分が胸を張れるものは何なのか？ 志望先の企業で役立つものは何なのか？ それらを踏まえて考えていきます。

佐々木はノートを開いて、「3×3のフレーム」を使って、自分のストロングポイントを棚卸しするやり方を教えました。

「これいい！ このマスの真ん中にテーマを入れて、その周りにある8個のマスに自分のストロングポイントの候補を書いていくのね」

「そう。書き出したら、最も自分らしく、

「人を集める力」に関係するエピソード

① バイト先の居酒屋でバイトの人数が足りなかったので、友だちをハンティング。友だち5人をバイトとして入れることに成功。	② 17人しか部員がいなかったワンダーフォーゲル部に、独自の勧誘法で新入生20名を入れた。	③ 自分が飲み会の幹事を務めると、ふだんの3倍の人が集まる。
④ 友人が自主制作映画の上映会を開いたとき、友だち50人以上にチケットを売って、満席にした。	**人を集める力**	⑤ 学園祭でプロのミュージシャンを招いてライブを開催。1000人を集客した。
⑥ 学食に1人でふらりと行っても、10分後には自分の周りに10人前後の人が集まっている。	⑦ 一人暮らしをしている。たまに実家に帰省すると、なぜか家族7人全員がそろう。	⑧ いつもテスト前になると、頭のいい友だちを自宅に集めて勉強会をした。

また、採用担当者に響きそうなひとつのことを慎重に選び取るんだ。仮に最強のストロングポイントが『人を集める力』だとしたら、次は、同じフレームを使って『人を集める力』のエピソードを棚卸ししていくんだ」

「わー、感動した！『人を集める力』に説得力を持たせるエピソードがいっぱいある！」

「棚卸ししたもののなかからキラリと光るエピソードを選ぶんだ。たとえば『学園祭でプロのミュージシャンを招いてライブを開催。1000人を集客した』とかね。このエピソードを添えてあげれば、『人を集める力』というストロングポイントの説得力が増すだろ？」

「学園祭のライブ」の集客方法

① 学園祭ライブのチラシを作って、街中の飲食店や沿線の駅などに置かせてもらった。	② 音楽好きの教授を巻き込んで、講義中にライブの告知をしてもらった。	③ SNS（LINEやfacebook）で「学園祭のライブを成功させよう！」という有志のグループを作って、積極的に告知活動を行なった。
④ 地元のメディア（新聞、ラジオ、テレビ）に協力を求めて、ライブの告知をしてもらった。	**学園祭でプロのミュージシャンを招いてライブを開催。1000人を集客した。**	⑤ 音楽雑誌にプレスリリースを出して、学園祭のライブの告知をしてもらった。
⑥ 学園祭の2か月前から昼休みの学内放送で出演するミュージシャンの曲を流してもらった。	⑦ 該当ミュージシャンからビデオレターをもらい、インターネット上で閲覧できるようにした。	⑧ ライブのチケット購入者のなかから抽選で30名にライブ後の「楽屋訪問特典」をつけた。

「増す！　何かハッタリじゃないことが理解できる」

「じゃあ、さらに説得力を持たせるには、何を書けばいいと思う？」

「えーっと、あっ、方法はどう？　どうやって1000人ものお客さんを集めたのか。その方法まで書かれていたら採用担当者も思わず納得じゃないかな」

「そうだよな。たとえば、こんなふうに棚卸しすればいいわけだ」

「わー、感動ものだあ。『3×3のフレーム』を使うと、頭のなかの情報が整理できるのね！」

「いいやり方だろ？　このなかから採用担当者が『なるほど！』と思うような集客方法をいくつか書くことができ

自分のストロングポイントは何か?

① 続ける力	② よく笑う	③ 社交的
④ 軌道修正する力	**自分の ストロングポイント**	⑤ 仮説を立てる力
⑥ 人を集める力	⑦ 自分に厳しい	⑧ 計算が得意

「人を集める力」に関係するエピソード

① バイト先の居酒屋でバイトの人数が足りなかったので、友だちをハンティング。友だち5人をバイトとして入れることに成功。	② 17人しか部員がいなかったワンダーフォーゲル部に、独自の勧誘法で新入生20名を入れた。	③ 自分が飲み会の幹事を務めると、ふだんの3倍の人が集まる。
④ 友人が自主制作映画の上映会を開いたとき、友だち50人以上にチケットを売って、満席にした。	**人を集める力**	⑤ 学園祭でプロのミュージシャンを招いてライブを開催。1000人を集客した。
⑥ 学食に1人でふらりと行っても、10分後には自分の周りに10人前後の人が集まっている。	⑦ 一人暮らしをしている。たまに実家に帰省すると、なぜか家族7人全員がそろう。	⑧ いつもテスト前になると、頭のいい友だちを自宅に集めて勉強会をした。

「学園祭のライブ」の集客方法

① 学園祭ライブのチラシを作って、街中の飲食店や沿線の駅などに置かせてもらった。	② 音楽好きの教授を巻き込んで、講義中にライブの告知をしてもらった。	③ SNS(LINEやfacebook)で「学園祭のライブを成功させよう!」という有志のグループを作って、積極的に告知活動を行なった。
④ 地元のメディア(新聞、ラジオ、テレビ)に協力を求めて、ライブの告知をしてもらった。	**学園祭でプロのミュージシャンを招いてライブを開催。1000人を集客した。**	⑤ 音楽雑誌にプレスリリースを出して、学園祭のライブの告知をしてもらった。
⑥ 学園祭の2か月前から昼休みの学内放送で出演するミュージシャンの曲を流してもらった。	⑦ 該当ミュージシャンからビデオレターをもらい、インターネット上で閲覧できるようにした。	⑧ ライブのチケット購入者のなかから抽選で30名にライブ後の「楽屋訪問特典」をつけた。

れば、この学生のストロングポイントの説得力がさらに高まるはず。ハリボテじゃないことが証明できるわけだ」

「たしかに、ハリポタじゃないことがわかる」

「おやじギャクすぎて怒りすらわかないわ」

「そんなことよりモジャ先輩、この『3×3のフレーム』って、ブログの記事のテーマを決めるときなんかにも使えるんじゃない？」

「いいところに気づいたな。『書くことがなくて困っています』というクライアントには、実際にこのやり方をおすすめしているよ。頭で考えているだけではアイデアは出ないけれど、このフレームを使って書き出すと、おもしろいほどアイデアが出やすくなるから」

「へえ〜。これはすごい！」

「それに、書き出すことによって、その人の頭のなかに情報収集アンテナも張られるんだ」

「アンテナ？　どういうこと？」

「たとえば、『習慣術』のテーマでブログを書きたい人であれば、3×3のフレームに『早寝早起きの習慣』『読書習慣』『部屋の掃除の習慣』『英語修得の習慣』

と書き出していくことで、それらに関連する情報がどんどん飛び込んでくるようになるんだ」

「それは……書き出すと意識が変わるってこと？」

「そう。情報への感度が高まって、インプットの効率がよくなるんだ。意識が変わると、おのずと行動力も変わるし、いいことづくめだよ」

「おー、書き出したもん勝ちか！　やらない手はないわね」

自信なさ気な表現を抹殺せよ

佐々木が時計に目をやる回数が増えてきました。

ところが、佐々木が待ち合わせをしているクライアントは姿を現す気配がありません。

「以前モモに教えたことも、弟くんに伝えてあげるといいよ」

> 大学に通っていた3年間はアルバイトに大忙しで、書店員、コンビニ店員、学習塾講師など、さまざまな業種のアルバイトを経験し、社会や経済の仕組みを学び、コミュニケーション力や指導力、決断力、実行力に磨きをかけてきました。
>
> 原文

「うん、惜しみなく伝える。『ひとつの文章にはひとつの意味』とか、基本的なこともわかってなさそうだし」

「だな。よく見ると冒頭の一文も長いよな（原文：163ページ）。『経験し、』のあたりでマル（句点）が打てるはずだ」

「うん、打てるね」

「口語的な表現や若者言葉、スラングにも気をつけたほうがいい。『びっくりするほど』は『驚くほど』のほうがいいな」

「だね。ちなみに『情弱』とかもマズいかな？」

「『情弱』も略語だからアウトだな。エントリーシートでは『情報弱者』と書かないと」

「弟の文章は、まどろっこしい表現も多いんだよね。『腕の見せどころというもので』は『腕の見せどころで』で十分に伝わるし、『書店で行なっていたアルバイトです』も『書店でのアルバイトです』と書けばすっきりする。『びっくりするほどものすごい量』も表現がカブってくどくない？『驚くほどの量』で十分に伝わるよね」

「具体的な数字が入ると、もっとよくなりそうだ。それにしても、モモも成長したよな。エラそうな雰囲気が板についてきたな」

「別にエラそうにはしてないから！」

「もうひとつ、弟くんの文章で改善したほうがいい点がある」

「えー、何だろう？」

「自信なさ気な表現を抹殺せよ」

「わっ、ミッションみたいでカッコいい！　でも抹殺……って、どういうこと？」

「たとえば、『自分に合っていた気がするのが』とか『役立つ気がしています』とか『糧《かて》になったと思います』とか」

「そっか！『気がする』とか『思います』が自信なさそうに感じるのね」

「自分の言葉に責任を持とうとしていないようにも感じられる。エントリーシートは弱気な自分を見せるところではないから、変に弱気が伝わる言葉は抹殺しないと」

・自分に合っていた気がするのが～ ↓ 自分に合っていたのが～

・役立つ気がしています ↓ 役立つと確信しています

・糧になったと思います→糧になりました

「こんな感じかな？」

「バッチリ。自信なさ気な表現を抹殺するだけで、パワーが増すと思うな」

「あ、それ、自信なさ気！　そこは『パワーが増すと思うな』ではなく、『パワーが増すぞ』でしょ」

「うっ……言い返せない」

「勝った！　それはさておき、いい話を聞いちゃったなあ。社会に出てからも十分に役立つ内容だわ。弟に代わってありがと……って、いなくなってる！」

佐々木は、クライアントと歩いてエントランスの外へ出ようとしていました。
その背中を見ながら、不思議とモモは自分がドキドキしているのがわかりました。
「うわうわうわ、何これ？」
モモは自分の感情に強引にフタをするようにして、いちど大きく深呼吸をしました。
しかし、モモは佐々木のことを意識すればするほど脈拍は速くなっていきます。

CHAPTER 06のポイント解説

①メッセージを絞って書く。

②読む人（採用担当者）が知りたがっていることを考える

↓知りたがっていることを書く。

③「手垢のついた文章」や「よそ行きの文章」では相手に刺さらない。

④「自分の言葉」で書く。※自分の体験・意見・分析結果などを書く。

⑤半径5メートルの出来事について書くと「自分の言葉」になりやすい。

⑥絞ったストロングポイントにエピソードを添えると説得力が増す。

⑦書くテーマや内容を決めるときに「3×3のフレーム」を活用する。

⑧「3×3のフレーム」に書き出すと、情報収集アンテナも張られる。

※情報収集力がアップする。

⑨エントリーシートでは、口語調や若者言葉、スラングなどは使わない。

⑩まどろっこしい表現をしない（簡潔な表現にする）。

⑪エントリーシートでは「～気がします」や「～思います」といった気弱な表現は使わない。

CHAPTER

07

ネット上の文章で重要なSEO ▶ブログ編①

案内文も
メール文章も
完璧だ…！
ふふふ……
近ごろの私
ちょっと
いいんじゃない？
デキる女って
カンジ…！
おーい
北川！
ちょっと！
後藤チーフの声だ…
はい！
なんだろう…
もしかして
ディレクター昇格の
お知らせかな？

おまえ……クライアントにブログの開設すすめたんだってな
はい！新規の顧客を獲得したいとおっしゃってたので……
それで？
え…？
何か助言したか？
…………えーっと…
御社の魅力を前面に押し出して書きましょう…って
バッカモ〜〜〜ン!!
ビクッ

タイトルとかSEOとか…
ばんっ
もっとほかに助言のしようがあるだろう！
SEO!? まったく気がまわっていなかった…
で…でも私の管轄外で――…
ブログ運営のアドバイス担当は先月で退社したからその後任がおまえだ
そんなの初耳です！
だろうな…たった今任命したんだから
え？
わかったらとっとと仕事に戻れ

くぅーっ…
ゴッチの鬼！
悪魔!!
引き継ぎも
指導もなしで
ブログ運営の
アドバイスなんて
無理だよー
あーぁ…やっと
理想の女性像に
近づけたと思ったのに
ゆら
うう……
うらめしい…
ゆら…
ん……？
なんか悪寒が

ブログの運営法と書き方とは？

しょぼーん……モモは肩を深く落としていました。
マンガの世界なら、コマのなかにそんな言葉が入っていたことでしょう。
クライアントにブログの開設をすすめたものの、運営法や書き方についてのアドバイスがピント外れで、後藤チーフに叱られたようです。
〈すっかり骨抜きになったモモは、スーッと立っています〉

「うわっ！　びっくりするじゃないか。驚かせるなよ」

「ごめんよ、モジャ先輩。われに救いの手を……。もう自信なくなっちゃって」

「おいおい、どうした？　少しは自信ついたんじゃなかったのかよ」

「自分で書く文章はうまくなったけれど、クライアントにブログの運営をアドバイスするなんて……ファミレスの厨房でバイトしていた人間に、急きょ三ツ星レストランのシェフをやらせるようなものじゃない？」

「うまいこと言うな」

「どうせ私の長所なんて『たとえ上手』くらいよ」

「わかったから、幽霊のように背後からスーッと現れるのだけはやめてくれ。いま、この書類にサインしたら時間を作るから、ミーティングデスクで待ってろ」

「心が骨折しているから、なるべく早くお願い！」

インターネット上の文章で重要なSEO

「おう、お待たせ。じゃあ、さっそくやるか。クライアントに指導するブログの書き方をアドバイスする件だな」

「うん、書き方だけじゃなくて、運用のコツみたいなものもお願い」

「そこも重要だから。じゃあ、まずは質問な。何でブログを書かなきゃいけないんだ？」

「何でって……集客につなげるためだよね？」

「そのとおり。じゃあ、集客につなげるには、どうすればいい？」

「たくさん記事を書くとか、そういうこと？」

「それは『枝葉』の話だな。俺が聞きたいのは、WEBライティングの『幹』の話だ。たとえば、モモが母親に花を贈ろうと思うけど、花屋さんに行く時間がないとしよう。さあ、どうする？」

「えっと、すぐにスマホで調べる」

「だろ？　調べ方は？」

「検索窓に『花屋　都内　配送』と打ち込むとか」

「だろ？　だから、それが答え」

「へっ？」

ほんの数秒間、ポカーンと空《くう》を見つめていたモモが、突如、合点がいったとばかりに声を上げました。

「そうか！　検索だ。ホームページを作るときと同じように、ブログを書くときにも、誰かが検索したときに引っかかるように、キーワードを盛り込まないといけないわけだ。そうじゃないと、どうあがいても検索されないもんね」

「それがもしも母の日だったら、どう検索する？『花屋　都内　配送』のほかに」

「ああ『母の日』とか『母の日ギフト』とか入れるかな」

「だろ？　仮に配送先が横浜だったら、『花屋　母の日　横浜　配送』とか入れるんじゃない？　WEBライティングの『幹』というのは、検索する人の気持ちになってキーワードを考えることと、そのキーワードを使って記事を書くことの2つなんだ。SEOを意識しないでWEBの文章を書くと、『せっかく書いた文章が読まれない』というさみしい結果になりがちなんだ」

「うわー、それは恐ろしいなあ。何はともあれ大事なのはSEOを意識したキーワードね！　あ～あ、私のことも誰か検索して探し出してくれないかな？〈佐々木の目をチラっと見る〉」

「〈モモから視線を外す〉……」

「何フリーズしてんのよ！〔冗談だから〕」

ビジネスでホームページやブログ、ネットショップなどの文章を書くときには「SEO」（サーチ・エンジン・オプティマイゼーション／検索エンジン最適化）を無視するわけにはいきません。

SEOとは、検索されたときに、ホームページやブログをより高い順位に表示させることを目的とする取り組みのこと。「読まれる文章」と「SEO」は一心同体とも言えます。SEOを意識せずに記事を書くと、最も記事を届けたい人にアクセスしてもらえない（＝記事が読まれない）という「お粗末な結末」を引き寄せやすくなるのです。

SEOにはさまざまな取り組みがありますが、なかでも「キーワード戦略」は極めて重要です。

お花屋さんであれば、どういうキーワードが有効でしょうか。

花　花屋　フラワー　アレンジメント　ブーケ　ブリザードフラワー　ドライフ

ラワー　季節の花　鉢植え　生花　ハーブ　観葉植物　造花　装花　花器　リース　スタンド　冠婚葬祭　結婚　葬式　供花　お祝い　お悔やみ　お供え　ブライダル　おしゃれ　シック　エレガント　誕生日　結婚記念日　プレゼント　プロポーズ　ギフト　配達　当日配達　送料無料　値段　安い　花束　豪華　人気　評判　高級　喜ばれる　5000円以内　24時間　○月の花　お年寄り　マナー　セオリー　縁起物

これはあくまでも一部です。「花屋」ではなく「お花屋さん」や「フラワーショップ」と検索窓に打ち込む人もいれば、「配達」ではなく「配送」、「おしゃれ」を「オシャレ」、「配達」を「配送」、「鉢植え」を「鉢物」「花鉢」「寄せ鉢」と打ち込む人もいます。

もちろん、「バラ」「カーネーション」「ひまわり」「胡蝶蘭《こちょうらん》」「あじさい」といった、お店で扱っている花の名前も重要でしょう。

「ピンク」「オレンジ」「淡いブルー」と、自分がほしい花の色を打ち込む人もいるかもしれません。

お花の雰囲気を表す言葉も、「かわいい」「華やか」「派手」「落ち着き」「上品」「高級感」「気品」「ポップ」「優雅」「モダン」「カジュアル」「シンプル」など、さまざまにあります。自分がよく使う言葉だからといって、他人もその言葉を使うと思ったら大間違いです。

キーワードを考えるときに大事なのは、検索する人の立場になることです。「人気」「評判」「口コミ」などのキーワードは、本来、情報発信をする側が書く言葉ではありません。しかし、それらのキーワードで検索する人がいる以上、何かしら対策をしておく必要があります（それらのキーワードを盛り込んだテキストを書くということ）。

ちなみに、ブログで情報発信する場合、SEOとして効果的なテキストは、一般的に次のような箇所です。

・ブログタイトル／ブログ説明文／記事タイトル／見出し／記事

SEOの観点からすると、ブログタイトルはとくに重要です。

〈東京都豊島区東池袋駅前のお花屋「BRIGHT（ブライト）」お誕生日のギフトフラ

ワーを都内全域に配達〉という具合に、検索キーワードを意識したタイトルをつける必要があります。検索対象となる地域名などを入れずに、〈flower shop「BRIGHT」のブログ〉のようなタイトルをつけたブログは「残念」と言わざるを得ません。お店の名前を知らない人が検索でやってくる確率が低くなります（英語で検索する人もほとんどいないでしょう）。

また、「花屋」のようなビッグキーワード※1で上位表示を狙うのは難しいため、「地域名など、スモールキーワード※2と一緒に検索されたときに上位表示されやすくしておく必要もあります。

「当然、その商品やサービスに商圏がある場合には、地域名は必須だ。大崎駅の近くにあるフィットネスクラブであれば、『大崎駅』とキーワードに盛り込むのは当然ながら、『品川区』というキーワードも押さえておきたい。『品川　フィットネスクラブ』という具合に調べる人もいるわけだから」

「そっかあ。なかには『山手線　フィットネス』なんて打ち込む人もいるかも」

「そうそう、そういう柔軟な考え方が必要なんだ。そもそも『フィットネス』ではなく、『スポーツジム』と打ち込む人もいるだろうし」

※1：検索エンジンで検索される回数が多いキーワードのこと。上位表示されると多くの流入が期待できるが、競合が多いためSEOの難易度は高い。
※2：検索回数が少ないキーワードのこと。ビッグキーワードと合わせて検索されることも少なくない。

「あっ、アクセスしてきたキーワード次第で、その後の購買や成約につながりやすいケースとつながりにくいケースもあるよね?」

「そのとおり。たとえば『ダイエット　品川　フィットネス』で検索してきた人と、『バイト　品川　フィットネス』で検索してきた人とで考えるとわかりやすいな」

「おー、前者はダイエットしたい人で、後者はバイト先を探している人だ。まったく属性が違うね。『糖尿病改善　品川　フィットネス』で検索してきた人は、よりダイエットする気満々という感じがする」

「そういうこと。だから、いったいどういう人にアクセスしてもらいたいのか、どういったキーワードで上位表示を狙うのかを、あらかじめ決めたうえで、ブログを運営していく必要があるわけだ」

「くー、奥が深すぎる〜。でもそういうことを考えるのはゲーム感覚でちょっと楽しいかも」

検索エンジン対策については、唯一絶対の方法があるわけではありません。とはいえ、頭で考えたとおりに「うまくいく」ケースは稀です。

商品・サービスのターゲット属性や、市場の状況、競合の強さ、検索の件数などを勘案しつつ、リサーチと試行錯誤をくり返しながら集客効果を高めていくものです。

ＰＤＣＡサイクルをまわして、アクセス数を増やす

「しかし勉強になるなあ。ブログの運営ってリサーチ力と想像力が大事なのね」

「めちゃくちゃ大事。とくに、結果が出ている競合のブログは隅々までチェックしたほうがいい。だって、そのブログのなかに『うまくいく要素』が隠されているわけだから」

「ふーん。競合の研究ね」

「それと、実際にブログを書きはじめたら、こんどは実際にどんなキーワードでブログにアクセスしてきているかを調べていくんだ。アクセスというのは生きたデータだから。仕事同様、大事なのはＰＤＣＡサイクルをまわすことだ」

「出た、ＰＤＣＡ！　ゴッチが口酸っぱく言っているやつだ。仕事の進め方の基

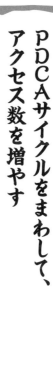

PDCAサイクルをまわそう

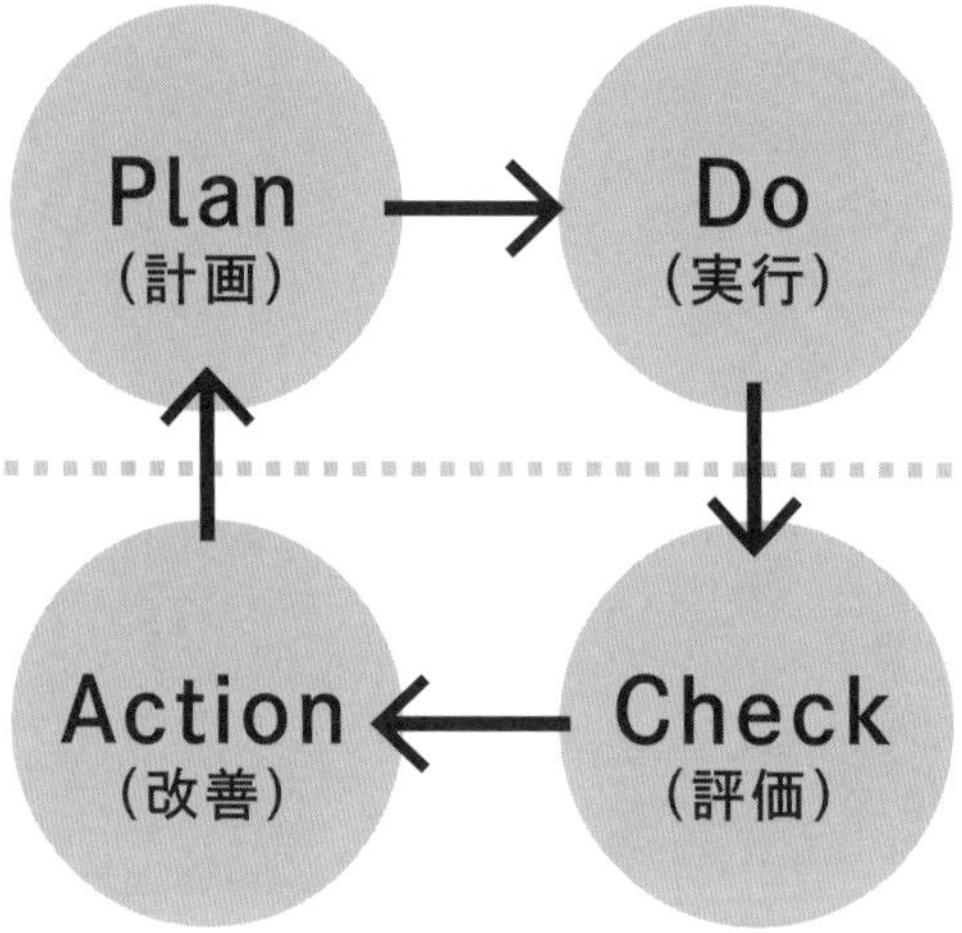

成果が出ないケース

=

書きっぱなしで「評価→改善」をしていない

=

・どの記事が人気なのか？
・アクセス数は？
・人気のキーワードは？

データを活かしてブログ記事を書こう！

本だよね」

「ＰＤＣＡのなかでも、とくに『Check（評価）→Action（改善）』が甘くなるケースが多いんだ。つまり、みんな書きっぱなしで、そこから先を検証しようとしないわけ。どの記事が人気なのか。どれだけアクセスがあるのか。どういうキーワードでアクセスしたきたのか。ものすごく大事なデータなのに」

「何の目的意識も戦略もなく、ただ惰性《だせい》で書いていても集客につながらないのね？」

「そういうこと。一番売りたい商品・サービスは何なのか、それを買うターゲットは誰なのか、そういうことも考えながらキーワードを選定して、ブログを書いていく必要があるんだ」

「お花屋さんの場合なら、お花屋さん関連のキーワードをやみくもに盛り込めばいいわけではないのね」

「もちろん。お店の主力商品が観葉植物なのに、母の日のギフトやアレンジメントの記事ばかり書いていたら、狙っているターゲットにアクセスしてもらえないよね？　観葉植物に関する記事をどんどん書いていかないと」

「だよねー。でもついやっちゃうなあ、そういうトンチンカンなこと」

「実際にブログ経由で商品やサービスを購入してくれた方と話す機会があったら、『どういうキーワードを打ち込んで、うちのブログに来ましたか？』と単刀直入に聞いておくといいよ。データが多ければ多いほど次に活かしやすくなるから」

「ひとつひとつの記事を書くときにもキーワードを盛り込むんだよね？」

「もちろん。記事を書くときには、常に『検索エンジン』と『読者』の両方に気を配らなくてはいけないんだ」

「そういえば、ゴッチから『そのうち、モモにカキネットのブログ記事も書いてもらう』って言われてるんだよなあ。〈ちょっぴり気が重いなあ……〉いまのうちにモジャ先輩から話を聞けてよかった！　ありがとう！」

「しかし後藤チーフによほど期待されてるんだなあ」

「それはどうかなあ？」

「自信を持てよ。少なくとも懇親会の案内状を書いていたときより、格段に文章力はアップしているから」

「えっ、そ、そうかな。〈何かうれしい！〉」

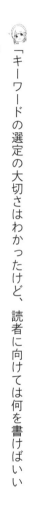

ファンを増やすブログライティングの秘訣とは？

「キーワードの選定の大切さはわかったけど、読者に向けては何を書けばいいの？」

「ベースはお役立ち記事さ。お役立ち記事というのは、読む人が知りたがっていることや、知ったら喜ぶようなこと。お花屋さんであれば、お花の商品紹介記事も大切だけど、それ以外にもお花に関する『なるほど～』と言いたくなるような記事がたくさんあるといい」

「たとえば、『お花を長生きさせる方法』とか、『鉢植えの根腐れ防止法』とか、そういうこと？」

「いいね。みんなが知りたいことだから。ほかにも『ギフトに贈るならアレンジメントと花束はどちらが喜ばれる？』という記事を書いたり、『誕生日に彼女に贈ると喜ばれる人気の花トップ10』という記事を書いたりしてもいいよね。どちらも、つい検索して知りたくなるようなネタだろ？」

「たしかに読みたくなる！　それに購買にもつながりそう。もしかして『必ずOKをもらえるプロポーズの方法』みたいな記事もあり？　プロポーズの方法を知りたい人が検索経由でアクセスしてきて、『そうか指輪と一緒にお花もプレゼントするといいのか！』と気づいてもらうような記事」

「ナイス！　センスが磨かれてきたな。そのプロポーズの切り口は『楽しげ』なところもいいよ。いくらタメになる記事でも、まじめくさった書き方と、ユーモア漂う書き方では、後者のほうが断然読みたくなる。どうせ買うなら『辛気くさい花屋さん』よりも、『明るくて楽しい花屋さん』のお花を買いたいじゃない？　花屋さんというのは夢を売る商売でもあるわけだし」

「成長したでしょ、私？　ついでに私にお花をプレゼントしてくれてもいいよ？

〈わっ、半分本気で言っちゃった〉

「よし、検索してみるか。『格安　造花』とかで」

「何それ！」

「しーー！　声が大きいわ。みんな仕事してるだろ」

「〈舌をペロっと出して〉でへ」

「それを言うなら『てへ』だろうが。お役立ち記事に話を戻すぞ。もちろん、まったく花と無関係な記事はダメだけれど、少しでもかすっていればOK。記事を読んだ人が、その流れで花を購入してくれたら最高だよな。いずれにしても、どんな記事でも『出口』への流れはしっかりと整えておいたほうがいい」

「つまり、記事の最後に『お花の販売ページ』や『ホームページ』に飛んでいけるバナーをつけておくとか、そういうことね？」

「そう。戦略次第では、出口は『お問い合わせフォーム』『資料請求』『メルマガやLINE@への登録』なんかも考えられるよね。もちろんダイレクトに『購入フォーム』を用意しておく手もある」

「なるへそ。ブログは入り口だけじゃなく出口も大事なんだね！」

業種や業態、商品・サービスの形態、ターゲット層などにもよりますが、ビジネス目的でブログを運営するときには、次のように読者へのお役立ち記事を書く必要があります。

・店舗経営コンサルタント→売り上げにつながる店舗経営の方法など
・腰痛改善整体師→腰痛の改善につながる生活習慣の改善法など
・独立開業支援スクール→独立開業に必要なノウハウなど
・疲れた頭をすっきりさせるヘッドスパサロン→疲労回復法やストレス解消法など
・人前で堂々とスピーチする話し方講師→話し方・スピーチの方法など
・天然素材１００％のオリジナル化粧品ショップ→お肌のケア情報など

「日記的なものを書いちゃダメなの？　たとえば『誰々とランチに行きました』とか、『この映画を観ました』とか」

「そういう記事はあくまでも箸休め的な位置づけだな。検索エンジンに『記事内容に一貫性や専門性がある』と認識してもらえないと、上表示されにくくなってしまうこともあるから」

「わー、それはイヤだわ」

「だから、箸休め記事を書くときでも、ほんの少しでいいから専門性に寄せる工夫を凝らしたい。たとえば、心理カウンセラーだったら、映画の感想を書くときに、心理的な分析を挟む。ダイエットインストラクターだったら、自分が食べたラン

箸休め記事をお役立ち記事に変えよう

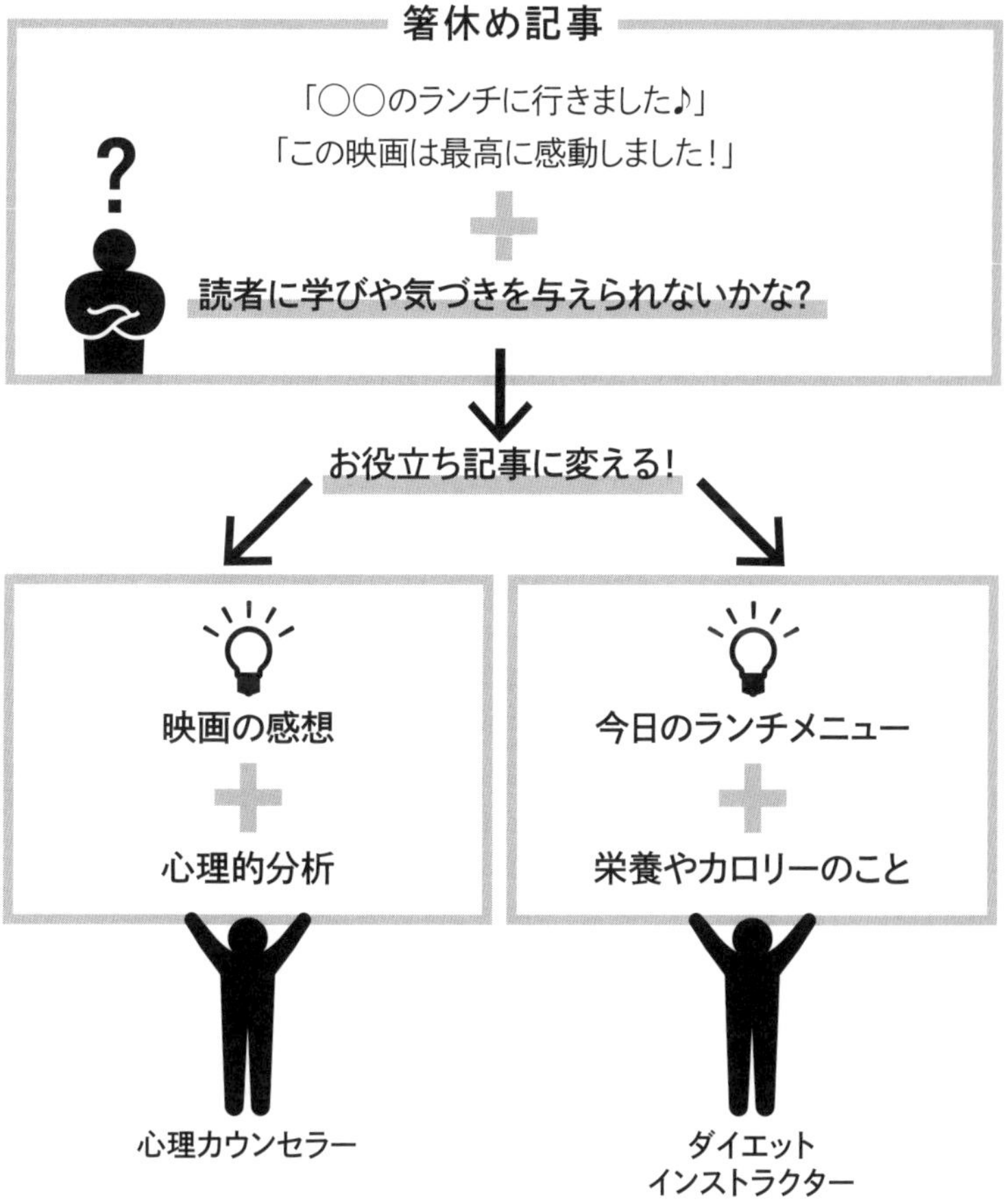

チのメニューの栄養やカロリーについて語ればいいわけだ。もちろん『お役立ち』の意識も頭の片隅に置いておきながら」

「工夫すれば、どんな『箸休め記事』でも『価値ある記事』に変えることができるのね！」

「ただし、積極的に日常の雑記を書いていいケースがある」

「えっ、どういうケースだろう……。わかった！　芸能人とか？」

「そう。情報発信する人自身にバリューがあるケースだ。パーソナリティを売り物にしている人、と言ってもいい。そういう人の場合は、インターネットやSNSで自分の価値観やライフスタイル、哲学などを伝えることによってファンが増えていくんだ」

「ああ、そういう人いる。私もブログをチェックしていて『この人、ステキだなあ』とか『この人に会ってみたい』と思う人がいるもん」

「そういう人たちに共通していることって何だと思う？」

「うーん、見た目も活動もバラバラだなあ。何だろう？」

「本音を語ってないか？」

「あっ、うん！　歯に衣着せぬというか、歯切れがいいというか、歯、歯、えーっと、何かないかな、歯」

「無理矢理『歯』の三段フレーズ出しとかやらなくていいから。聞いてて歯がゆいわ」

「あー、うまいこと言った！　でた、ドヤ顔！」

「わかった、恥ずかしからそれ以上言うな。で、何だっけ？」

「本音でしょ？」

「そうそう、パーソナリティを売り物にするなら、本音が大事なんだ。まあ『言うは易《やす》く行うは難《かた》し』だけどな。『気恥ずかしい』という人もいれば、『できれば誰からも嫌われたくない』『業界のなかで目立つと叩かれる』といった理由で避ける人も多い」

「それ、なんとなくわかるなあ。勇気がいるのはたしかね」

「そもそも、『気恥ずかしい』も『嫌われる』も『叩かれる』も、自分に矢印が向いているから感じることなんだけどね。矢印が読者に向いていないわけだ」

「読者のためにお役立ち記事を書くという意識が弱いということ？」

「そう。その結果、差し障りのない記事しか書けない」

「そっかあ。でも本音を書くと批判されそうで怖いな」

「批判がくるならたいしたもんだけどな。批判する人がひとりいるってことは、その何倍もの濃いファンがいるって証拠だから」

「そっか。本音を語らない建前志向の人は批判されることもないけど、熱狂的なファンも増えないってわけね」

「そう。情報発信者、とくにパーソナリティを売り物にしている人が問われるのは、結局『覚悟』なんだ。覚悟を持って本音を語れる人には『熱狂的なファン』というご褒美《ほうび》がつくんだ」

「熱狂的なファンというのは、最終的に商品やサービスを買ってくれる人のことね？」

「そう。ちなみに、パーソナリティを売り物にするなら、『B to B』よりも『B to C』のほうが、成果が出やすい傾向にあるかな。企業というのは、どちらかと言うと『本音』ではなく『建前』で動くものだから」

「そうか。ブログを書く人は、自分が誰を相手にビジネスをしているのか、どこにバリューを置いているのか、そういうこともしっかりと考えなくちゃいけないのね」

「ブログに限らないけど、努力は『正しい方向で』やらないとな」

※1「B to B」とは企業間取引（ビジネス・トゥー・ビジネス：Business to Business）の略。「B to C」とは企業対消費者間取引（ビジネス・トゥー・コンシューマー：Business to Consumer）の略。

「くー、いいこと言うね！　クライアントにアドバイスをするときには、その会社の業種や業態、売り物の特性、ターゲット層の特性なんかをよく見極めながらアドバイスするわ」

「いっそのこと、モモも後藤チーフに本音をぶつけてみたら？」

「ムリ、ムリ、ムリ！　ここは多かれ少なかれ『建前』が必要なオトナの会社だから！　本音をぶつけると首が飛んじゃうかも！」

「そのビクビクする感覚を、少しオレにも向けてくれよ。『建前』大歓迎だぞ」

「何言ってるの！　モジャ先輩は特別枠よ！　本音をぶつけてもらえるだけありがたいと思わないと！」

「はあ。それは、どうも。って、何かおかしくないか？」

「おかしくない！　私はモジャ先輩の熱狂的なファンなんだから！〈やべっ、私は何言ってるんだ？〉」

「えっ!?」

CHAPTER 07の ポイント解説

①SEOで重要なのは、検索窓に打ち込まれるキーワード。
②検索する人の気持ちになってキーワード選定を行なう。
③ビッグキーワードだけでなく、スモールキーワードも混ぜる。
④ブログを書くときにも「PDCAサイクル」をまわす。
⑤アクセス解析を見て「アクセス数」や「流入キーワード」を調べる。
⑥売りたい商品とターゲットを考慮して記事を書く(必要なキーワードを盛り込んで)。
⑦読者へのお役立ち記事を書く。
⑧ブログは入り口だけでなく、どこの出口へ導くかも重要。
⑨工夫を凝らして「箸休め記事」を「価値ある記事」へ変える。
⑩ブログ運営者のパーソナリティで売っていく場合、自分を出す記事に力を入れてもOK。
⑪パーソナリティをバリューにするなら「本音」で語る。
⑫「批判者がひとりいる=その何倍もの熱狂的なファンがいる」ということ。
⑬パーソナリティを売り物にするビジネスは、「B to C」との相性よし。

CHAPTER

08

読者が知りたいことを過不足なく書く技術

▶ブログ編②

普段 何気なく 読んでるブログにも
いろんな テクニックが 隠されて いたんだね
うん うん
あっ… そうだ!
ちょっと パソコン 貸して
何するんだ?
えーっと 「モジャモジャ」 「佐々木」 検索…っと
俺!?
「モジャモジャ」なんて キーワード検索で 俺が出てくる わけないだろ!
ウェブ 画像
モジャモジャ
経済
モノは試しよ…ゴマン といる佐々木姓から モジャ先輩を割り出せる かもしれないじゃない

そんなことして何になるんだ？
キーワードから逆行してターゲットにたどりつけばブログにどんなキーワードを埋め込めばいいか勉強になるでしょ
…なるほど
すべて 画像 ショッピング 地図 ニュース
これじゃあダメかアフロの佐々木さんのSNSばかりヒットする
意外とたくさんいるもんだな…
ならば……「カキネット」「モジャモジャ」「Sさん」で…どうだ!?
カタ カタ
どうしても「モジャモジャ」でヒットさせたいのな
あっ！ヒットした
どれどれ…

ウェブ 画像
カキネット
ひだまり農園
埼玉の「ひだまり農園」だって
たしかこの前通販サイト出店のことで相談に乗ったクライアントだな
今が旬のブロッコリー！
(株)カキネットの
収穫を手伝って
モジャモジャ同士、
パシャリ！
この時期のブロッコ
あのじいさん…
ブログに載せるって言ってたけど…こんな記事だったとは
PDCAのCとAが足りなかったんじゃない？
ごもっとも
しかしこの記事の書き手なかなかのやり手だわ自社商品の紹介だけじゃなく新規顧客を呼び込むために意外なワードまで組み込んでいる…
ゾワリ
たぶん何も考えてないと思うぞ…

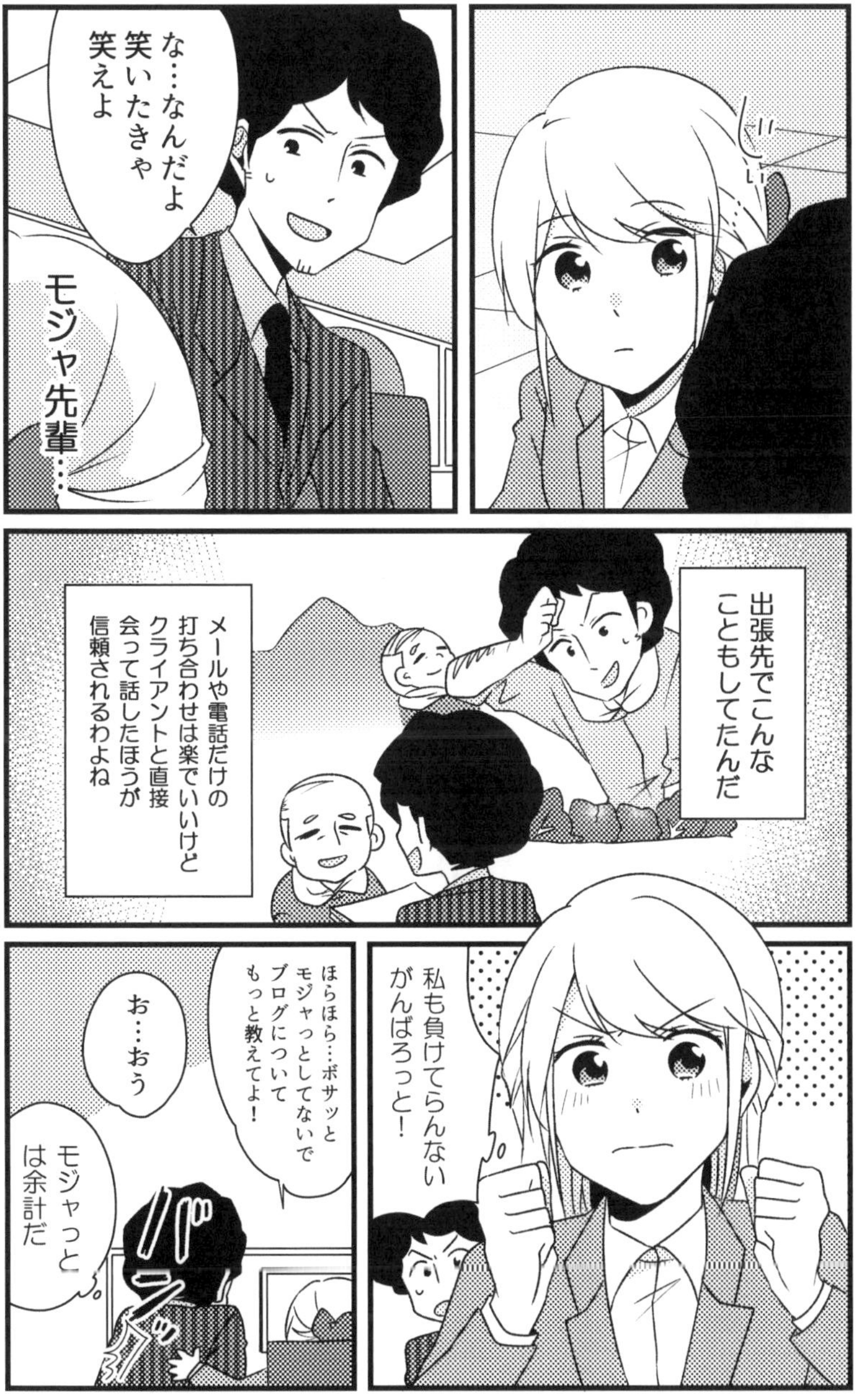
な…なんだよ
笑いたきゃ
笑えよ
モジャ先輩…
出張先でこんなこともしてたんだ
メールや電話だけの打ち合わせは楽でいいけどクライアントと直接会って話したほうが信頼されるわよね
私も負けてらんないがんばろっと!
ほらほら…ボサッとモジャっとしてないでブログについてもっと教えてよ!
お…おう
モジャっとは余計だ

伝えるべき情報を「5W3H」で掘り下げる

つい20分前までは亡霊のように暗かったモモの表情にも、少しずつ明るさと活気が戻ってきました。

〈モジャ先輩と話をすると、いつも元気になるなあ。最初はおちょくっていたのに……〉

モモは佐々木に対する変なライバル意識もいまでは消えて、すっかり教えを請《こ》う立場を受け入れています。佐々木と話すうちに、佐々木の誠実さや高いプロ意識に対して、尊敬の念が芽生えたのです。

不思議な感覚を味わっていたのは佐々木も同じです。

ゴーイングマイウェイなモモに手を焼きながらも、心の底ではどこかそのやり取りを楽しんでいました。モモの生来の天真爛漫《てんしんらんまん》さと素直さが、佐々木には心地よく感じられたのかもしれません。

もちろん、お互いにそんな気持ちは口には出しませんが。

「さて、この際だから、もう少しブログの書き方について教えよう」

「わーい、その言葉を待ってました！」

「読者が知りたいことを意識しても、つまらない記事を書いてしまうケースは少なくないんだ」

「えー、それって本末転倒じゃない？　原因はいったい何？」

「読者を納得させるために、十分な理由や根拠が盛り込めていないせいだ。平たく言えば『中身がない文章』を書いている、ということ」

「薄っぺらいってこと？」

「そう。文章で何かを説明するときには、読者が『何がわかっていないかな？』『どうすればわかってもらえるかな？』『伝えておいたほうがいい前提はないかな？』『何かわかりやすい〝たとえ話〟は入れられないかな？』という具合に、常に読者のことを考えながら書かなければいけないわけ。文章は会話と違って、その場で修正したり、訂正したり、つけ加えたりできないから」

「うん、うん。文章は、よくも悪くも一発勝負だものね」

「そう。だけど、『言葉足らず』なブログは少なくない。あるいは逆に、ボリュームは多いのに、肝心なことが書かれていないなんてのもある。中国語講座の案内を例にしてみよう」

> この「フレーズで学ぶ中国語講座」は5回で6万9000円です。
>
> 実力講師による「発音」ではなく、「フレーズ」のマスターに主眼を置いた極秘メソッドで、これまでに数多くの人が成果を出しています。
>
> ふるってご参加をお待ちしております。
>
> 原文1

商品やサービスの告知記事に求められるのは、ずばり「納得感」です。

その記事に納得してもらうためには、商品やサービスの価値を伝えるための理由や根拠が必要となります。

原文1を見てください。

「フレーズで学ぶ中国語講座」は5回で6万9000円。おそらくこの文章だけで「行きたい！」と思う人はあまりいないかもしれません。なぜなら、5回の講座を6万9000円で受けたい！　と思うだけの根拠が書かれていないからです。

一方、修正文であれば、原文を読んだときよりもこの講座の「お得感」として、価値が感じられます。価格に納得するに十分な理由・根拠が盛り込まれているからです。

> この「フレーズで学ぶ中国語講座」は、月1回（10時〜17時）の講座×5回で受講料は6万9000円です。決して安くない受講料には、明確な理由があります。
>
> 講師には今回も、中国の最高峰・北京大学で教鞭をとっている向田美希先生を招へい。向田先生の講義は、わかりやすい教え方もさることながら、落伍者を減らすために練られた独自のカリキュラムも人気を博しています。
>
> 日本人が中国語の習得で挫折する原因のほとんどが、1000種類以上ある「発音」だと言われています。にもかかわらず、多くの中国語スクールでは、未だに発音にウエイトを置いたカリキュラムを組み続けています。
>
> 一方、向田先生の開発した＜フレーズ志向メソッド＞は、「発音」より先に「フレーズ」をマスターさせることによって、これまで高い成果を上げてきました。事実、本講座は、過去5年間で延べ1500人以上の修了生を輩出しており、その98%が「大満足」「満足」と答えています。
>
> 講座修了までの5か月間は、メールで24時間サポートを受けられるほか、週に1回、講座の復習をかねたサポート音声もお送りします。また、毎月の講座の録画もいつでも自由にご覧いただけます（退会時には動画をお渡しします）。
>
> 修正文
>
> 多くの人が成果を出している極秘メソッドで、中国語の会話能力を飛躍的に伸ばしてみませんか？　ふるってご参加をお待ちしております。

「なるほどー。理由や根拠って大事だよね」

「すごく大事。たとえば、『この本はオススメです』と書くなら、それが『なぜオススメなのか？』という理由を書く必要があるし、『このレストランはよかった』と書くなら、それも『どうよかったのか？』という理由を書く必要がある」

「わかる！　いま気づいたんだけど、もしかして文章を書くときには、読む人の疑問や質問に答えることが重要なんじゃない？」

「おお、よくそこに気づいたな！」

「えっへん！〈最近、モジャ先輩にほめられるとうれしいなあ〉」

「文章を書くというのは、読む人の代わりに『自問自答』し続けることなんだ」

「寺門ジモン？」

「言ってねーよ！　だれがダチョウ倶楽部だよ！」

「わかってるって、自問自答ね」

「文章を書くことが苦手な人に共通する特徴のひとつが、『自問自答の弱さ』なんだ。なかには自問自答をまったくしていない人もいる。でも残念ながら、それだと伝わる文章を書くことができないんだ」

佐々木は、書き手がどのように自問自答していけばいいのか、「睡眠」をテーマにした文章で、そのやり方を説明しました。

・自問1：いま、いちばん伝えたいことは？
・自答1：健康になりたければ睡眠を十分に取りましょう、ということです。
・自問2：なぜ、睡眠が大切なの？
・自答2：睡眠を取ることで、免疫力が高まるからです。つまり、健康なカラダを作るためには睡眠が欠かせないのです。
・自問3：免疫力が高まる根拠を教えて。
・自答3：傷ついた細胞が睡眠中に修復されるからです。細胞が「修復→活性化」されると、免疫力が高まります。
・自問4：では、もし睡眠が足りないとどうなる？

・自答4：傷ついた細胞が修復されないため、肌、内蔵、脳（思考）、筋肉など、体のあちらこちらに不調をきたしやすくなります。また、免疫力が低下して風邪や病気にもなりやすくなります。

・自問5：あなた自身もしっかり睡眠を取っているの？

・自答5：以前は睡眠を軽んじていて、平均睡眠時間が3、4時間ということもありました。しかし、この1年間は、1日最低6時間の睡眠を確保しています。

・自問6：十分な睡眠時間を確保することで何か変化はありましたか？

・自答6：風邪をひかなくなったほか、肌荒れと慢性的な鼻炎が改善しました。自律神経が整って、イライラする機会も減りました。十分な睡眠こそが健康の土台だと実感しています。

自問自答1と2だけで書いた文章が、次ページの上の例文Aです。
自問自答1と2に自問自答3〜6も加えて書いた文章が、下の例文Bです。
よりテーマが掘り下げられた結果、読み応えが増しました。

健康になりたければ、十分な睡眠を取る必要があります。なぜなら、睡眠を取ることで、免疫力が高まるからです。

例文A

健康になりたければ、十分な睡眠を取る必要があります。なぜなら、睡眠中に傷ついた細胞が修復されて（活性化されて）、免疫力が高まるからです。もしも睡眠不足が続くと、傷ついた細胞が修復されないため、肌、内蔵、脳（思考）、筋肉など、体のあちらこちらに不調をきたしやすくなります。また、免疫力が低下して風邪や病気にもなりやすくなります。私自身も以前は睡眠を軽んじていて、平均睡眠時間が3、4時間ということもありました。しかし、この1年間は、1日最低6時間の睡眠を確保しています。そのおかげで、風邪をひかなくなったほか、肌荒れと慢性的な鼻炎が改善しました。自律神経が整ってイライラする機会も減りました。十分な睡眠こそが健康の土台だと実感しています。

例文B

もしも自問自答を1と2でやめていたら、例文Bのような文章は書くことはできません。

文章を書くのが苦手な人の多くは、そもそも自分自身に質問をぶつけていません。あるいは、質問をぶつけても、その答えを出すことを怠けています。

もしも答えられないようなら、答えを出すために、調べたり、人から話しを聞いたり、現場に行って確かめたりしなければいけません。

「答えられない＝書けない」の状態で放置していては、読む人が納得する文章になり得ないからです。

「スゴ、スゴ、スゴゴゴゴ～～イ！　自問自答をしていくことで書くべき素材が手にそろうわけか！」

「そうだ！」

自問するのが苦手な人は、意識的に「5W3H」を使っていきましょう。

「5W3H」とは、物事を正確に伝える際に重宝する8つの質問のこと。ビジネスパーソン必須ツールのひとつです。

・When　（いつ／期限・時期・日程・時間）
・Where　（どこで／場所・行き先）
・Who　（誰が／担当・分担）
・What　（何を／目的・目標）
・Why　（なぜ／理由・根拠）

・How　（どのように／方法・手段）
・How many（どのくらい／数量）
・How much（いくら／費用）

伝えるべき情報を「5W3H」で掘り下げることによって、文章作成に必要な情報が手元にそろいます。

ちなみに、先ほどの自問1～6も、すべて「5W3H」をベースにしています。

「わかった！　これからモジャ先輩に質問するときにも活用する！」

「もうオレ、質問受けるの、お腹いっぱいなんだけど」

「大丈夫！　私の質問は『別腹』のはずだから！」

「人の胃袋の特性を勝手に決めるな！」

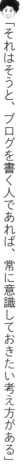

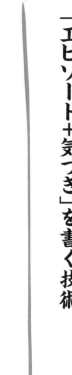

「エピソード＋気づき」を書く技術

「それはそうと、ブログを書く人であれば、常に意識しておきたい考え方がある」

「うーん、何だろう?」

「それは『気づき』だ」

「猪木?」

「違う! 気づきだ。仕事を含む日々の体験を通じて、その人が感じた気づきを書くことができれば、記事のネタづまりで困ることはなくなるよ」

「出た! ネタづまり解放宣言!」

「おお、宣言しよう。『気づき』が悩める民を救う、と」

「おお、勇敢だね! でも……『気づき』なんかでいいの?」

「『なんか』だと? 簡単に言うなよ。世の中の大半の人が『気づき』とは無縁の生活を送っているぞ」

「そう言われると自信がなくなってきた……」

「たとえば、モモは、今日はもうランチを食べたか？」

「食べたよ。駅前にできたハワイアンのお店。ロコモコ、めっちゃおいしかったあ」

「じゃあ、それをネタにブログの記事を書くことは簡単だよな？」

「うぐっ。そう言われると……。そっか、そういう日々の体験のなかで『気づき』を拾ってこい、ということ？」

「そうだ。意識しなければ、なかなか気づきは生まれないものなんだ。『気づき』のアンテナを張って自主的に探すことが大事なんだ。『ロコモコの盛りつけや量』『食材の新鮮さ』『お店のインテリア』『流れていたＢＧＭ』『店員さんのホスピタリティ』『何か特別なサービス』『客層』、どんなことでもいいから『気づき』があれば記事は書けるはずだ」

「そっかあ。そういう意味では、私も『気づき音痴』なのかもなあ」

「これから『気づける人』になればＯＫさ」

「うん、なるなる！」

「もちろん、その気づきのベクトルは、ブログのテーマに沿っていたほうがいいよな」

「そっか。そうじゃないと単なる日記のような記事になっちゃうもんね」

「そう。たとえば、ハワイアンのお店のＢＧＭがウクレレだったとしよう」

「わっ、ご名答。ウクレレだったよ！」

「そのウクレレはお店の雰囲気作りに一役買っているわけだよな」

「うん。そこでＪポップが流れていたら、ハワイアンの雰囲気が台なしだもの」

「ＯＫだ。たとえば、『ハワイアン×ＢＧＭ』の相性のよさを引き合いに、『ホームページを作るときも、その商品やサービスに合ったデザインにすることが大事ですよ』という記事が書けそうじゃない？」

「おお！　そうすれば単なる日記のような記事じゃなくて、カキネットのサービスに通じる『お役立ち記事』になるね。サスガ～」

正しいことを書けば、人は読んでくれるのでしょうか？
まじめなことを書けば、人は読んでくれるのでしょうか？
どちらも答えはノーです。
いくら正しいことや、まじめなことを書いても、おもしろいと思われないものは読まれません。

ここで言う「おもしろい」は、単に「人を笑わせるもの」という意味だけではなく、その人にしか書けないオリジナルの体験談や意見、気づきなども指します。

原文2

ある人気ラーメン店に行きました。
行列に並んだ時間15分。
ラーメンを食べた時間10分。
お店は古びていて、店員さんは愛想ゼロ。
それでも、おいしいから人気があるのです。

原文2は事実だけを書いた文章です。特筆すべき「気づき」が書かれているわけでもありません。

一方、次ページの修正文では、事実に加えて、自分の「気づき」を盛り込みました。

そうすることで、この記事は単なるラーメン屋の紹介ではなく、書き手のメッセージ（その人の価値観や哲学）を伝えるもの、いわば「自分の言葉」で書かれた実のあるコラムへと変化したのです。

「気づき」から伝わるのは、書き手のパーソナリティや哲学です。さらには、読み手は「気づき」を通じて、その人自身の人間的な魅力を感じることができるのです。

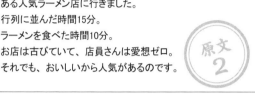

原文2の修正文

ある人気ラーメン店に行きました。
行列に並んだ時間15分。
ラーメンを食べた時間10分。
お店は古びていて、大将の愛想もゼロ。
それでも、おいしいから人気があるのです。

今回あらためて思ったのが、
「売り物の価値をどこに置くか」ということです。

このお店が売っている価値は「ラーメンの味」、ただその一点です。
決して「店内の落ち着く雰囲気」でも、
大将の「気のきいたトーク」でも、
「極上のホスピタリティ」でもありません。
どちらかというと居心地は悪いです。

でも、コシのある太麺に絡みつく濃厚な魚介スープ。
あの「味」を求めて多くの人がお店に行くのです。
何かひとつでも価値を磨くことができれば、
ビジネスが成り立つ好例といえるでしょう。

私も、自分の価値を絞り込んで、
その一点に磨きをかけようと決意しました。

あなたが磨いている価値は何ですか？

「『気づき』があるのとないのとでは、記事の意味合いが大きく変わるね！　気

づきがあると『読んでよかったなあ』『また読みたいなあ』っていう気持ちになる」

「だろ？　文章、とくにブログをはじめとするSNSでは『気づき』を書ける人と書けない人の差は本当に大きい。その気づきが魅力的であればあるほど、その人（会社）の価値観や哲学も伝わりやすくなるわけだから」

「その結果、ファンが増えやすくなるってことよね？」

「もちろんさ！　パーソナリティを売り物にして『本音で勝負している人』であれば、なおのこと『気づき』のパワーを使わないと」

「たしかに……人気ブログを思い浮かべてみたら、書き手の『気づき』オリジナリティやユニークさ、それに鋭さや深みがあるものばかりかも」

「そうそう。キャラクターのエッジをおもいきり立てたいなら、ときに常識を大胆に裏切るような『気づき』も必要なんだ」

「なるほどなあ。いやー、勉強になった」

「たとえ」を使う技術

「読む人にわかりやすく伝える方法も、ひとつ教えよう」

「ほう！」

「それは『たとえ』だ」

「比喩のこと？」

「比喩と言うと、やや文学的で高尚な表現方法というイメージだけど、ここで言う『たとえ』は、よりわかりやすく伝えるための『言い換えるスキル』のことだ」

「それこそ、たとえば？」

「そうだなあ、前に説明した『一文一義』について書くとしよう（23ページ）。そのときに『りんごを丸ごと1個出されるのと、8分割したりんごを出されるのとでは、どちらが食べやすいですか？　もちろん、8分割したりんごに軍配が上がりますよね。文章もりんごと同じです。一文が長い文章は、読者にりんごを丸ごと1個差し出すようなものです。食べやすくするためには、文章を細かく切ってあげる必要があるのです』みたいな説明してみたらどう?」

「出た、モジャマジ!」

「おう、オレはいつだってマジだよ」

「違う!『モジャマジック』の略よ!」

「かえってわかりにくいわ!」

たとえるときは、元の事柄よりもイメージしやすくなっている必要があります。

たとえる先が「みかん」「マラソン」「犬」「スマホ」「銀行」などであれば、多くの人が一瞬でイメージできますが、もし「クリケット」「モデレート」「検疫法」にたとえたら、わかりにくいでしょう。

せっかく気をきかせて「たとえ」を用いたのに、読む人を混乱させてしまっては本末転倒です。

「『たとえ』の例を挙げてみるな」

・「本質を見失っていること」のたとえ

→ウイルスを追い出そうとカラダが体温を上昇させているときに、無理やり解熱剤を飲むようなものです。

・「無謀なこと」のたとえ

→短パン半袖で真冬に登山するようなものです。

・「どうがんばってもムリなこと」のたとえ

→古いOSで最新のアプリを動かそうとするようなものです。

・「組み合わせが悪いこと」のたとえ

→白いごはんと一緒に、コーラが出てくるようなものです。

・「失敗が大切であることを伝えたいとき」のたとえ

→おそらく、いちども転ばずに自転車に乗れるようになった人はいないでしょう。

・「さじ加減が大切だということ」のたとえ

→45℃のお風呂は熱すぎるけど、37℃のお風呂は冷たすぎます。それと同じです。

「言葉遊びみたいでちょっぴり楽しいかも」

「たとえがうまくなると、むずかしそうなことでも、わかりやすく伝えることができるようになるんだ。ひとつの演出技術だな。モモは言葉のセンスがなかなかいいから、たとえにもどんどん挑戦してみるといいよ」

「おおっ、モジャ先輩から星3ついただきました！」

エピソードを書くときのテンプレート

気がつけば、モモはシャツの腕をまくりあげた佐々木の二の腕を見ていました。

〈あれ、いまは腕のモジャ毛が気にならない……〉

そのとき、モモは自分の心の変化に気づきました。

「ん？　どうした？」

「いや、別に。そういえば、前に教えてもらった『結論優先型』や『列挙型』のテンプレートはブログにも使えそうね（113ページ）」

「もちろん！　結論優先型は何かノウハウを提供するときに重宝するし、長文を書いたり、情報を整理して伝えたりしたいときには列挙型が使える」

「ほかにもブログに使えそうなテンプレートはある？」

「ブログだと、『ストーリー型』もおすすめだ。読者の感情を動かしたいときに有効な型だ」

「げげげ、私、小説とか苦手」

「いや、ストーリーといっても、別に大層なものじゃないよ。ベースとなる流れをつかむだけでいいんだ」

ストーリー型のテンプレートは、次の①～④の流れで進みます。

①発端（挫折）：10年間、ずっと売れない営業マンだった。

②転機：書籍『捨てれば売れる　神・営業術』という本を読んだら目からウロコが落ちた。

③変化・成長：本のノウハウを実践したら、商品が売れるようになった。

④未来：半年以内に営業成績で全国トップを狙おう。

ストーリー型でとくに大切なのが「発端」です。発端は、挫折、失敗、苦節、悩み、課題など、ネガティブなエピソードからスタートします。発端で読者に共感してもらえればその続きを読んでもらえますが、共感してもらえなければ続きを読んでもらうことはできないかもしれません。

「転機」とはターニングポイントのこと。多くの場合、何か（人・モノ・出来事）との出会いが転機となります。その出会いの前とあとでその人が「変化・成長」していることがストーリーの基本です。

「未来」では展望を語ったり、そのストーリーから伝えたいメッセージを伝えたりします。

「わー、ストーリーっておもしろい！　ダイエットでいうところのビフォーアフターの写真みたいなものね」

「わかりやすいたとえだな。でもそのとおりだ。やせる前とやせたあとの間に何かがあったわけだよな？　それが『転機』だ。『転機』はランニングかもしれな

いし、筋トレかもしれないし、糖質制限かもしれない。いずれにしても、ストーリーの中心には『転機』があるわけだ」

「この型を使えばどんなことでも書ける？」

「うん。じゃあ、試しにうちのサービスで簡単なストーリーを作ってみな。練習を兼ねて」

モモは試行錯誤しながら、次のストーリーを考えました。

①発端（挫折）：A社の経営者Zさんは「100万円かけてホームページを作ったけれど、まったくビジネスにつながらない……」と頭を抱えていました。

②転機：知人の経営者からカキネットの「ホームページ改装サービス」を紹介されて、Zさんはすぐに申し込みました。

③変化・成長：デザインはもちろん、ターゲット設定からキャッチコピー、導線、キーワード設定まで、ホームページを大幅にテコ入れしたところ、アクセス数とサービスへの申し込み件数が大幅にアップ。

④未来：今後はカキネットのアドバイスにしたがって、ブログも書きはじめる予定です。

モモは言い終えると、「こんな感じ？」とでも言いたげな表情で佐々木を見ました。

佐々木はうれしそうです。

「いいね。十分に型を使えているよ。ただ『このサービスはいいですよ』と理屈を書くのではなく、ストーリーを使うことで、読者の興味と関心を引きやすくなるんだ」

「うわー、これは楽しいうえに効果も絶大だね！　『ホームページ改装サービス』って言葉で説明すると、すごく堅苦しくなっちゃうけど、こうしてストーリーを使うと魅力が伝わる！　うちのブログの読者ターゲットに共感してもらえそうな気がするわ」

「ストーリーは、人の心を動かすための王道テクニックでもあるんだ。出だしの『発端』と最後の『未来』に落差があればあるほど、伝えたいメッセージが光るんだ」

「ああ、私もそうだ！」

「何だよ、急に！」

「いくわよ！　文章が書けなくて困っていたけど【発端】、モジャ先輩からレクチャーを受けて【転機】、文章が書けるようになった。【変化・成長】これからはカキネットのブログ記事も書いていくぞ！【未来】」

「おお、立派、立派！　学んだことをすぐに活かせるのはモモの強みだな」

「強み？……てへ」

モモは佐々木にほめられて、頬《ほほ》のあたりが少し赤くなりました。いつになくうれしそうです。

WEBマーケティングの勘どころ

「じゃあ、最後にもうひとつだけ大事なことを教えるぞ」

「ぐぐぐ。もうかなりお腹いっぱいだぞお」

「ブログを書くときには記事のタイトルも大事なんだ」

「それはさっき聞いたよ。キーワードを盛り込まないといけないんでしょ?」

「もちろんさ。記事のタイトルはSEOの観点からしても重要だ。でも、それはあくまでも検索エンジンへのアピールだろ? つまり、アクセス数を増やすための取り組みなわけだ」

「えっ? ということは、キーワードの話じゃないの?」

「違う。じゃあ聞くぞ。ブログにアクセスしてきたあとは何が大事だ?」

「あっ、そうか。記事を読んでもらうために、どういう記事のタイトルをつけるかってこと?」

「そういうこと。たとえば、矯正を得意としている歯科医があるとするだろ。そのブログで書く記事タイトルが『歯科矯正について』だったらどう?」

「歯科矯正をする気満々の人なら読むかもしれないけれど、すごく読みたくなるかと言えば、そうではないかな」

「だよな。『歯科矯正と親知らずの関係』だったら?」

「さっきよりはちょっとだけ気になる」

「『親知らずを抜かずに歯科矯正をすると健康になる3つの理由』だったら?」

「読む、読む！　何か読まないといけない気がする」

「これが記事タイトルのパワーさ。大事なのは人の感情を動かすことなんだ」

「キーワードだけ盛り込まれていればいいってもんじゃないのね？」

「そういうこと。ブログの記事を読むか読まないかは、アクセスしてきた人の感情次第だから、『本文を読みたい！』と思ってもらえるような記事タイトルをつけないと、もったいないんだ」

「ふむふむ。記事タイトルの命名って重要なのね」

「試されるのは『キャッチコピー力』だ」

「キャッチコピー力って、すごくむずかしそう。ああいうのって才能なんでしょ？」

「才能というかセンスだな。そして、そのセンスは誰でも磨くことができるんだ」

「誰でも？　私でも磨けるの？　あ、その目は磨けるんだ！　さすがモジャ先輩！　そんじょそこらのモジャモジャ頭とはひと味もふた味も違うよね！」

「そこらへんにもモジャモジャ頭がいるのかよ！」


佐々木は苦笑しながらも、モモにキャッチコピー力の磨き方を伝授していきます。

キャッチコピー力を磨くためには、これまでに効果を上げてきたキャッチコピーの型を知っておく必要があると言います。

佐々木がモモに伝えたのは次の10個の型です。

①当事者に呼びかける：「親知らずを抜かずに歯科矯正しようと考えている方へ」
②疑問形を使う：「歯科矯正をするときに、なぜ親知らずを抜く必要があるのか？」
③数字を入れる：「わずか3か月で歯科矯正を終わらせる3つの方法」
④当事者の声を書く：「歯の矯正をするときに、親知らずを抜いておいて、ホントによかった！」
⑤不安をあおる：「親知らずを抜かずに歯科矯正する5つのリスク」
⑥命令する：「きれいに歯科矯正したいなら、親知らずは抜きなさい！」
⑦比較する：「親知らずを抜く歯科矯正 VS 親知らずを抜かない歯科矯正」
⑧うまいことを言う：「歯科矯正時に抜くのは『親知らず』ではなく、『将来への不安』です」
⑨権威のお墨つきを伝える：「東京◯△大学の安藤教授が太鼓判を押す最強の歯科矯正法」
⑩ベネフィット※1を伝える：「異性にモテる！　世界で評価される！　完璧すぎる歯

※1「ベネフィット」とは、その商品・サービスからお客さんが得る有形・無形のメリット（利益や恩恵）のことです。

科矯正」

「すごーーーい。そうか！　いろいろな型を知っておいて、あとは状況に応じて使い分けていけばいいのか」

「そういうこと。毎回同じパターンでタイトルをつけて、熱心な読者に飽きられちゃってもイヤだしね」

「なるほど。でも、文章のテンプレートもそうだけど、型を使うっていいよね！　ゼロから作り出さなくていいわけだから」

「そうなんだ。『学ぶはマネぶ』って言うしな。はじめはみんなマネから入ればいいんだよ」

「よし、ブログを任されたら、さっそくキャッチコピーの型を活用するぞ！」

「いい意気込みだ。読む人の気持ちを『記事を読みたい！』という方向に動かせたら合格だ。あっ、ただし、やりすぎは要注意だよ」

「どういうこと？」

「たとえば、『歯科矯正をするのに親知らずを抜かないバカ！』っていうタイトルはどう？」

「ずいぶん強烈ね」

「インパクトこそあれ、じゃあ、そういう乱暴な言葉を使う歯医者さんに行きたいかというと……オレなら行かないかな」

「私もパスだわ。過激な医師とか、得意じゃないというか……」

「言葉っていうのは、その人やその会社の信頼性とも密接につながっているから、自分がその言葉を使った結果、読者がどういう感情を抱くかについては、よく考えなければいけないんだ」

「わかった、気をつける。それにしても、モジャ先輩には舌を巻くばかり。文章の書き方もそうだけど、人間の感情とか心理とかコミュニケーションとか、そういうツボもちゃんと押さえてるんだもの」

「どうした？　いつになく謙虚だな？」

「いや、ホントに尊敬してるんだって」

「おいおい、調子が狂うなあ」

「だってホントにそう思うんだもん！」

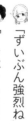

CHAPTER 08の ポイント解説

①読み手が知りたいことを過不足なく書く。
②説得力を持たせるためには根拠を書く必要がある。
③自問自答で文章を書く。
④「気づき」を書くとパーソナリティや哲学が伝わる。
⑤「たとえ」を使ってわかりやすく書く。
⑥状況に応じてテンプレートを活用する。
・ストーリー型：発端（挫折）→転機→変化・成長→未来
⑦アクセスしてきた人の感情を動かす記事タイトルをつける。
⑧キャッチコピーの型を身につける。
当事者に呼びかける／疑問形を使う／数字を入れる／当事者の声を書く／不安をあおる／命令する／比較する／うまいことを言う／権威のお墨つきを伝える／ベネフィットを伝える
⑨言葉の選び方は、その人（会社）の信用性と密接につながっている。

とある日の夕刻。早々に仕事を片づけて会社を出た佐々木の携帯電話が鳴りました。

「モジャ先輩！　やったよ、やった！」

「うっさ！　聞こえてるから声のトーンを落とせ！」

「あ、ごめん。会社のブログを書くのが楽しくなっちゃって。アクセス数もぐんぐん伸びてるの」

「おお、やったなあ。何だかんだ言ってモモは勘がいいからな」

「勘だけ？」

「ははは。努力家でもあるな。別名、負けず嫌いっつーか」

「何だかかわいげがないほめ方なんだけど」

「ったく、めんどくさいな。何て言えばいいんだよ！」

「……」

「おい、どうした？」

「ちょっとマジメなこと言っていい？」

「何だよ?」

「モジャ先輩にはホント感謝してるの」

「おいおい、気持ち悪いこと言うなよ。熱でもあるのか?」

「だって、いつも急にお願いするのに、ちゃんと教えてくれるじゃん」

「まあな。オレは『打てば響く』タイプが好きだから」

「……ねえ、こんどまたお礼の……」

「やだね。お礼とか言っても、どうせオレが相談に乗ることになるだけだろ?」

「〈ムカっ!〉そんなふうに言わなくても……」

「だから、飲みに行こうぜ」

「えっ?」

「飲みながらだと、もっとゆっくり話せるだろ。それに、たまにはオレの相談にも乗ってくれよ」

「うん! 行く! 乗る! いつ? 明日?」

「ぐいぐいくるなあ。実は会社帰りにどこかでメシでも食って帰ろうと思ってたところだ。モモはどうだ?」

「えっ? ああ、終わる! いや、終わらせるから」

「ははは。慌てなくていいよ。待ってるから」

「ゴッチに報告書を出し終えたらすぐに行く」

「あ、そうだ、モモ？」

「えっ、何？」

「あ……まあ、いいや」

「何？」

「文章を書くときは、届ける相手のことを考えるんだぞ」

「……うん、わかってる！」

「それと……」

「えっ？」

「『情熱で書いて、冷静で直す』を忘れるなよ」

「いまはちょっと冷静になれないかも……」

「え!?　何か言ったか？」

「ううん、何でもない！」

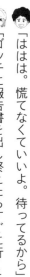

北川!
ブログの運営もよくやってるじゃないか!
ありがとうございます
これからも期待しているぞ!
ゴッチにほめられちゃった!
モモ!
よっ
モジャ先輩

ぽんっ
ほめられたんだって？よくやったな！
情熱で書いて冷静で直す…も板についてきたじゃないか
ま…まぁ私の努力といいたいところだけど…モジャ先輩のおかげかな！
腹ペコだからごはん行きましょ…もちろんモジャ先輩のおごりで！
ビジネス&WEB文章をマスターしてよいビジネスライフを！

おわりに

モモと佐々木の文章指導の物語はいかがだったでしょうか。佐々木からさまざまなことを教えてもらったモモは、短期間で一気に文章力が伸びました。

いちど身につけた文章力が、再び低下することはありません。

自転車と同じです。いちど乗れるようになると、一生乗り続けることができるのです。そう、文章作成というのは、失われることのない一生モノの技能なのです。

文章が書けるようになったモモが、この先、会社や取引先、クライアントなどから評価されていくであろうことは想像に難くありません。

何より、本書の冒頭とラストで変化したのは、モモの「自信」ではないでしょうか。モモが手にした自信が、佐々木との友情のゆくえ（恋のゆくえ？）にも変化をもたらします。

自信と同時に謙虚さも身につけたモモは、持ち前の明るさ&チャレンジ精神と相まって、これからますますステキな女性へと変化していくでしょう。

この物語に登場する「モモ」とは、いまこの本を読んでいる「あなた」のことです。モモ同様、あなたのなかに、いま「書きたい！」「自分はできる！」というエネルギーが充満しているようであればうれしいです。

そのエネルギーは、きっとあなたの人生を大きく変えていくはずです。

最後になりましたが、前作『何を書けばいいかわからない人のための「うまく」「はやく」書ける文章術』に引き続きお世話になりました、日本実業出版社・編集部のみなさまに心から感謝を申し上げます。

妻の朋子と娘の桃果にもお礼を言わせてください。2人の存在は、私の「書く力」の源泉です。いつもありがとう。

読者である「あなた」との出会いにも感謝します。

文章を書くことによって「あなたという存在」と「あなたの才能」がますます輝きを放ちますように。

2018年2月

山口拓朗

山口拓朗（やまぐち　たくろう）
伝える力【話す・書く】研究所所長。出版社で編集者・記者を務めたのち、2002年に独立。22年間で3000件以上の取材・執筆歴を誇る。現在は執筆活動に加え、講演や研修を通じて「伝わる文章の書き方」「好意と信頼を獲得するメールの書き方」「売れる文章＆コピーの作り方」「集客効果を高めるブログ記事の書き方」などをはじめとした実践的ノウハウを提供。200万人の会員を誇る中国企業「行動派」に招聘され、北京ほか5都市で「Super Writer養成講座」も開催中。著書は『何を書けばいいかわからない人のための「うまく」「はやく」書ける文章術』（日本実業出版社）ほか10冊以上。文章作成の本質をとらえたノウハウは言語の壁を超えて高く評価されており、中国、台湾、韓国など海外でも翻訳されている。

山口拓朗公式サイト
http://yamaguchi-takuro.com

そもそも文章《ぶんしょう》ってどう書《か》けばいいんですか？

2018年3月1日　初版発行

著　者　山口拓朗

発行者　吉田啓二

発行所　株式会社日本実業出版社　東京都新宿区市谷本村町3-29　〒162-0845
大阪市北区西天満6-8-1　〒530-0047
編集部　☎03-3268-5651
営業部　☎03-3268-5161　振　替　00170-1-25349
http://www.njg.co.jp/

印刷／堀内印刷　製本／共栄社

この本の内容についてのお問合せは、書面かFAX（03-3268-0832）にてお願い致します。
落丁・乱丁本は、送料小社負担にて、お取り替え致します。

ISBN 978-4-534-05563-7　Printed in JAPAN